Vorwort

Die deutsche Wirtschaft gibt jährlich mehrere Milliarden Euro für Werbung aus. Einziger Zweck dieser Ausgaben ist es, Kunden zu gewinnen und von den Vorzügen der eigenen Produkte zu überzeugen. Sind die Kunden erst einmal im Haus, geben sich die meisten Unternehmen weniger Mühe. Wie sonst könnte es tagtäglich vorkommen, dass Briefe, Faxe und E-Mails geschrieben werden, die Kunden verärgern oder zumindest verwundern?

Hat man die Braut erst einmal geheiratet, ist die Höflichkeit nicht mehr erforderlich. So oder ähnlich könnte das Motto dieser Vorgehensweise lauten. Dennoch gilt die alte Weisheit auch heute noch: Die Korrespondenz ist die Visitenkarte eines Unternehmens.

Eigentlich ist es ganz einfach, gute Briefe, Faxe und E-Mails zu schreiben. Man muss es nur wollen und sich an einige wenige Regeln halten. Am wichtigsten sind eine kundenorientierte Grundeinstellung und das Bewusstsein für die Stolperfallen der Kommunikation.

Die Tatsache, dass Sie dieses Buch gerade in Händen halten, lässt darauf schließen, dass Sie mehr über das Thema Korrespondenz wissen wollen. Vielleicht ist es Ihnen ein Anliegen, nur gute Visitenkarten abzugeben? Vielleicht korrespondieren Sie schon professionell und möchten sich über die aktuellen Trends informieren? Vielleicht sind Sie auf der Suche nach Sicherheit bei der täglichen Schreibarbeit? Vielleicht suchen Sie nach Anregungen, um einfach noch besser zu werden? Vielleicht finden Sie es einfach spannend, Neues auszuprobieren und von kreativen Ansätzen zu profitieren?

Was auch immer Ihr Motiv sein sollte, Sie finden in diesem Buch das notwendige Rüstzeug für eine moderne Korrespondenz ohne Schnörkel. Sie finden eine ganze Reihe von Beispielen aus der Praxis, die wir gemeinsam analysieren werden, um ihre Wirkung auf den Empfänger zu studieren. Und Sie finden zahlreiche Tipps, wie Sie Ihre Korrespondenz einfach, erfolgreich, kreativ und modern gestalten können.

Sie wissen, dass lesen allein noch keine neuen Verhaltensweisen hervorbringt. Übung macht den Meister (selbstverständlich auch die Meisterin). Deshalb finden Sie in diesem Buch zahlreiche Aufgaben, die Ihnen Stoff zum Üben geben. Nutzen Sie die Gelegenheit. Sie können in den Lösungshinweisen prüfen, wie gut Sie schon sind. Vielleicht erfinden Sie noch kreativere, einfachere und bessere Formulierungen als der Verfasser? Dann freue ich mich mit Ihnen und bin dankbar für eine Kopie Ihrer Vorschläge. Das gilt auch, wenn Sie Vorschläge haben, wie wir das Buch verbessern könnten.

Am meisten freue ich mich, wenn dieses Buch für Sie zu einem Wegbegleiter wird, den Sie bei Fragen zur täglichen Korrespondenz gerne zu Rate ziehen.

Neuenburg, im März 2004

Eberhard P. Flamm

Inhaltsverzeichnis

Vorwort 5
Inhaltsverzeichnis 7

1. Warum es sich lohnt, gute Briefe zu schreiben 11
    1.1 Sie sind das Unternehmen 11
    1.2 Gute Briefe erhalten die Freundschaft 11
    1.3 Gute Briefe sind kein Zufall 12
    1.4 Inhalt und Form sind wichtig 12
    1.5 Zusammenfassung 12

2. Wichtige Grundlagen der Kommunikation 13
    2.1 Sender, Nachricht und Empfänger 13
    2.2 Zwischen den Zeilen – die vier Botschaften einer Nachricht ... 14
        2.2.1 Der Sachinhalt 14
        2.2.2 Die Beziehungsbotschaft 14
        2.2.3 Der Appell 15
        2.2.4 Die Selbstkundgabe 15
        2.2.5 Bedeutung für die Korrespondenz 15
    2.3 Filter unserer Wahrnehmung 15
        2.3.1 Die vier Augen des Lesers 16
        2.3.2 Denkpräferenzen am Beispiel des Herrmann Dominanz Instruments (H.D.I.) 17
        2.3.3 Bedeutung für die Korrespondenz 19
        2.3.4 Schlussfolgerung 19
    2.4 Zusammenfassung 20

3. Tipps für gute Korrespondenz 21
    3.1 Ziele dieses Kapitels 21
    3.2 Die Bedeutung der „Betreff"-Zeile 21
    3.3 Fassen Sie sich kurz 22
    3.4 Partner Kunde 23
    3.5 Maslows Tipps 24
    3.6 Kundenorientierung heißt: Hilfe anbieten 25
        3.6.1 Gerade in Notsituationen braucht der Kunde Hilfe ... 25
        3.6.2 „Da können wir nichts machen..." 25
        3.6.3 Sie können doch etwas machen! 26
        3.6.4 Schreiben Sie, was Sie tun können 26
    3.7 Nutzen Sie die Verständlichmacher 27
    3.8 Schreiben Sie einfach und klar 29
    3.9 Verwenden Sie Verben, vermeiden Sie Nomen 31

3.10 Lieber aktiv sein als leiden 33
3.11 Alles dreht sich um den Kunden 34
3.12 Fragen Sie, bitten Sie, machen sie Vorschläge aber befehlen Sie nie 35
3.13 Das Ende naht... 35
3.14 Zusammenfassung 36
3.15 Lösungshinweise zu den Übungsaufgaben 36

4. Todsünden der Kommunikation von A – Z 45

5. Vom Gedanken zum Brief 49

5.1 Grundsätzliches 49
5.2 Legen Sie das Ziel fest 49
5.3 Versetzen Sie sich in die Lage des Empfängers 49
5.4 Formulieren Sie den Brief 49
5.5 Lesen Sie den Brief noch einmal durch 50
5.6 Zusammenfassung 50

6. Lernen an Praxisbeispielen 51

6.1 Ziele dieses Kapitels 51
6.2 Vorgehensweise bei der Analyse 51
6.3 Praxisbeispiele von A – Z 52
    6.3.1 Anfrage 52
    6.3.2 Angebot 57
    6.3.3 Antwort auf Absage eines Bewerbers 62
    6.3.4 Antwort auf Anfrage 67
    6.3.5 Antwort auf Bestellung 70
    6.3.6 Antwort auf Bewerbung 75
    6.3.7 Bestellung 79
    6.3.8 Bewerbung Absage 1 83
    6.3.9 Bewerbung Absage 2 87
    6.3.10 Bitte um Bankauskunft 89
    6.3.11 Erste Mahnung 94
    6.3.12 Hausratversicherung 97
    6.3.13 Import-Angebot 100
    6.3.14 Kündigung in der Probezeit 104
    6.3.15 Letzte Mahnung 109
    6.3.16 Mahnung 111
    6.3.17 Objektbewachung 115
    6.3.18 Personalleasing 119
    6.3.19 Prämienzusendung 123
    6.3.20 Reklamation eines Kunden 126
    6.3.21 Sonderangebot 128
    6.3.22 Werbung 132
    6.3.23 Zusage auf Bewerbung 137

7. Musterbriefe von A – Z 143

7.1 Anfrage 143
7.2 Angebot 144
7.3 Antwort auf Absage eines Bewerbers 145
7.4 Antwort auf Anfrage 146
7.5 Antwort auf Bestellung 147
7.6 Antwort auf Bewerbung 148
7.7 Bestellung 149
7.8 Bewerbung Absage 1 150
7.9 Bewerbung Absage 2 151
7.10 Bitte um Bankauskunft 152
7.11 Erste Mahnung 153
7.12 Hausratversicherung 154
7.13 Import-Angebot 155
7.14 Kündigung in der Probezeit 156
7.15 Letzte Mahnung 157
7.16 Mahnung 158
7.17 Objektbewachung 159
7.18 Personalleasing 160
7.19 Prämienzusendung 161
7.20 Reklamation eines Kunden 162
7.21 Sonderangebot 163
7.22 Werbung 164
7.23 Zusage auf Bewerbung 165

Kleines ABC der Grammatik 167

Kleines ABC für E-Mail-Nutzer 173

Stichwortverzeichnis 181

1. Warum es sich lohnt, gute Briefe zu schreiben

1.1 Sie sind das Unternehmen...

Welche Funktion Sie in Ihrem Unternehmen bekleiden, wie alt Sie sind, wie viel Sie monatlich verdienen – all das ist Ihrem Kunden, dem Empfänger Ihrer Korrespondenz völlig egal. Sie vertreten für ihn Ihr Unternehmen. Und zwar immer dann, wenn Sie mit ihm, dem Kunden oder ihr, der Kundin in Kontakt treten.

Sind Sie gut, dann wird er ein positives Bild über Ihr Unternehmen gewinnen. Er wird sich gut aufgehoben fühlen. Er wird sich freuen, dass er bei Ihnen Kunde ist. Ist er mit Ihren Leistungen nicht zufrieden, dann wird er sich ärgern, böse Briefe schreiben oder Ihnen einfach die Zusammenarbeit aufkündigen. Ganz lautlos. Er wird einfach weg bleiben. Oftmals, ohne Ihnen eine zweite Chance zu geben.

Was ist, wenn viele Kunden das tun? Die Umsätze Ihres Unternehmens sinken, die Ertragslage verschlechtert sich. Ohne Gewinn ist es schwierig, Gehälter zu erhöhen, vielleicht müssen Stellen abgebaut werden, vielleicht verlieren Sie Ihren Arbeitsplatz.

Wussten Sie, dass Sie so wichtig sind? Es lohnt sich deshalb, sich darüber Gedanken zu machen, was der Kunde, die Kundin, erwartet. Es lohnt sich für Sie, wenn Sie sich ernsthaft mit dem Thema Korrespondenz beschäftigen. Denn wenn Sie gut mit Kunden umgehen können, spricht sich das herum. Die Kunden werden positiv über Sie sprechen. Ihre Kompetenz bleibt nicht im Verborgenen. Ihr Marktwert steigt. Sie werden Erfolg haben.

1.2 Gute Briefe erhalten die Freundschaft

Sie kennen bestimmt das Sprichwort: Kleine Geschenke erhalten die Freundschaft. Vielleicht haben Sie den Wahrheitsgehalt dieses Sprichworts selbst schon prüfen können. Ich bin sicher: Es stimmt. Denn kleine Geschenke sind Aufmerksamkeiten, die wir den Menschen schenken, die uns etwas bedeuten. Meist ist nicht das Geschenk an sich wichtig. Viel wichtiger ist die Wertschätzung, die wir dem Beschenkten zu Teil werden lassen. Das Sprichwort lässt sich gut auf die Korrespondenz übertragen: Gute Briefe erhalten die Freundschaft. In der Geschäftskorrespondenz spielt die Wertschätzung, welche wir unserem Geschäftspartner entgegen bringen eine große Rolle. Nichts kann Freundschaften und Partnerschaften schneller zerstören, als unbedachte Worte und Äußerungen zur falschen Zeit. Schon Shakespeare schrieb: Niemand glaubt, wie leicht ein böses Wort die Gunst vergiftet". Schade, wenn es dazu kommt. Noch schlimmer, wenn nicht einmal eine böse Absicht dahinter steckt.

1.3 Gute Briefe sind kein Zufall

Richtig gute Briefe zu schreiben, ist eine Kunst, die Sie erlernen können. Sie müssen es nur wollen und sich intensiv mit dem Thema beschäftigen. Wenn Sie dieses Buch durchgearbeitet haben, dann kennen Sie die Grundlagen der Kommunikation. Sie sind in der Lage, Briefe aus dem Blickwinkel der Empfänger zu beurteilen und Sie wissen, worauf es bei der modernen Kommunikation ankommt. Damit haben Sie das Handwerkszeug erworben, um Briefe zu schreiben, die beim Empfänger wirklich ankommen. Nicht nur physisch. Übrigens, was für Briefe gilt, das gilt natürlich grundsätzlich auch für Faxe und E-Mails. Weil die E-Mails in unserer Geschäftswelt immer mehr Bedeutung erlangen, finden Sie alles, was bei E-Mails zusätzlich zu beachten ist, übersichtlich zusammengefasst in einem extra Kapitel.

1.4 Inhalt und Form sind wichtig

Bei einem guten Brief stimmen Form und Inhalt. Für die Form gibt es detaillierte Vorschriften zum Beispiel in der DIN 5008 und der DIN 676. Zahlreiche Bücher beschäftigen sich eingehend mit den Formvorgaben für Geschäftsbriefe (Beispiel: Grün, Karl: Der Geschäftsbrief: Gestaltung von Schriftstücken nach DIN 5008, DIN 5009, DIN 676 u.a. Hrsg.: DIN, Deutsches Institut für Normung e.V., 2., veränd. Aufl. Berlin; Wien; Zürich: Beuth, 2002), deshalb wird dieses Thema hier nicht weiter vertieft. In diesem Buch geht es um den Inhalt der Briefe, um die Kunst, Gedanken so zu verpacken, dass sie beim Empfänger die beabsichtigte Reaktion auslösen. Verstöße gegen die DIN-Normen mag man Ihnen im Zweifelsfall nachsehen. Fehler in Inhalt, Aufbau und Wortwahl führen jedoch schnell zu Missverständnissen, Verärgerung und im schlimmsten Falle zu Kundenverlust. Deshalb ist es wichtig, sich an die Formvorschriften zu halten. Noch wichtiger ist es, den Inhalt kundengerecht zu gestalten und vermeidbare Fettnäpfchen zu umgehen.

1.5 Zusammenfassung

Wenn Sie mit Kunden in Kontakt treten, vertreten Sie beim Kunden Ihr Unternehmen. Das gilt auch, wenn Sie Kunden Briefe schreiben, Faxe oder E-Mails schicken. Gute Korrespondenz ist ein Instrument der Kundenbindung. Durch misslungene Korrespondenz verliert das Unternehmen Kunden. Moderne, zeitgemäße Korrespondenz ist eine Kunst, die erlernbar ist. Wer diese Kunst beherrscht, dient dem Unternehmen und steigert seinen eigenen Marktwert.

2. Wichtige Grundlagen der Kommunikation

2.1 Sender, Nachricht und Empfänger

Kommunikation findet immer statt zwischen einem Sender und einem Empfänger. Der Sender ist der Aktive. Er will dem Empfänger seine Bilder, Gedanken, Wünsche, Gefühle, Forderungen, ..., mitteilen. Die Bilder und Gedanken befinden sich im Kopf des Senders. Damit sie von dort übertragen werden können, codiert sie der Sender, indem er sie in Worte fasst. Zum Codieren verwendet er seinen persönlichen Wortschatz. Jedes Wort, das er dafür verwendet, ist angereichert mit seinen Gefühlen und ganz bestimmten Vorstellungen. Die Worte schreibt er auf ein Blatt Papier, steckt es in einen Umschlag und schickt es an den Empfänger.

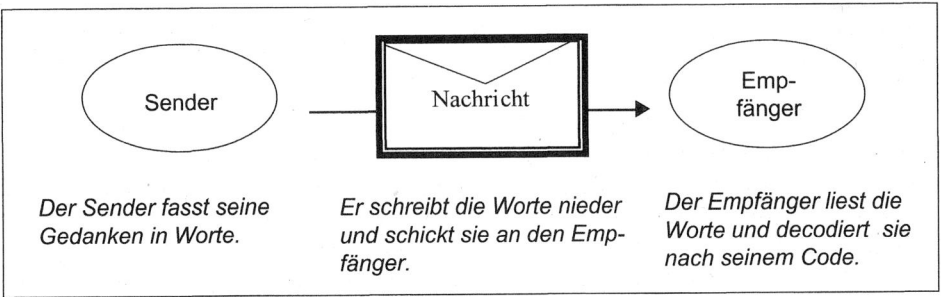

Abbildung 1: Sender-Empfänger-Modell

Der Empfänger öffnet den Umschlag und liest den Brief. Dabei entstehen in seinem Kopf Bilder, Gefühle, Wünsche, ... Das Lesen der Worte und die Umsetzung in Bilder kann man als Decodieren bezeichnen. Beim Decodieren greift der Empfänger auf sein eigenes, individuelles Wörterbuch in seinem Gedächtnis zurück. Jedes Wort, das er liest, ist mit eigenen Erfahrungen, Gefühlen und Bildern verknüpft und hat für ihn eine ganz individuelle Bedeutung. So entsteht nach und nach im Kopf des Empfängers ein Bild. Zu diesem Bild tragen nicht nur die einzelnen Wörter bei. Auch der Zusammenhang, in dem sie stehen, spielt eine Rolle, denn der Empfänger registriert auch das, was „zwischen den Zeilen" steht. Bestimmt ist Ihnen jetzt klar, dass das Bild im Kopf des Senders erheblich vom Bild im Kopf des Empfängers abweicht. Eigentlich haben Sender und Empfänger nur dann eine Chance, ihre Bilder abzugleichen, wenn der Empfänger dem Sender mitteilt, wie sein Bild jetzt aussieht.

2.2 Zwischen den Zeilen – die vier Botschaften einer Nachricht

Mit jedem Brief verschicken wir mehr Informationen, als jene, die schwarz auf weiß auf dem Papier zu lesen sind. Friedemann Schulz von Thun hat die These aufgestellt, dass jede Nachricht vier Botschaften enthält: den Sachinhalt, den Appell, die Beziehungsbotschaft und die Selbstkundgabe. Das gilt natürlich auch für die schriftliche Korrespondenz. In Abbildung 2 sind diese vier Botschaften dargestellt:

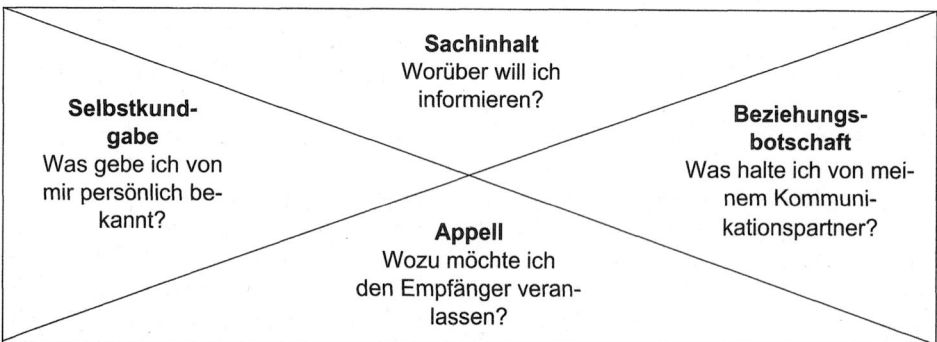

Abbildung 2: Die vier Botschaften einer Nachricht nach Schulz von Thun, Miteinander reden 1

Die vier Botschaften enthalten ganz unterschiedliche Aspekte. Hier eine kurze Erläuterung:

2.2.1 Der Sachinhalt

Beim Sachinhalt geht es um die reine Übermittlung der Sache. Zum Beispiel um den Hinweis, dass Sie es versäumt haben, eine Rechnung zu begleichen, die Zahlung ist überfällig. Das steht in der Regel im Text der Nachricht.

2.2.2 Die Beziehungsbotschaft

Bei der Beziehungsbotschaft wird einiges über das Verhältnis zwischen Sender und Empfänger ausgesagt. Es geht dabei nicht um das „Was?", das im Text steht, sondern um das „Wie?", also um die Verpackung. Heißt es zum Beispiel: „Zahlungserinnerung", Sie haben versäumt, die offene Rechnung vom ... zu begleichen." Oder heißt es: „Erste Mahnung! Unsere Rechnung vom ... ist überfällig. Sie haben sich nicht an die Vereinbarung gehalten ...". Jede Nachricht sagt also etwas über die Beziehung zwischen Sender und Empfänger aus. Vor allem darüber, was der Sender vom Empfänger hält, wie er ihn wertschätzt. Vielleicht haben Sie auch schon Briefe gelesen, bei denen Sie sich gefragt haben: „Wie reden denn die mit mir?" In diesem Fall ist die Beziehungsbotschaft der Nachricht bei Ihnen nicht auf viel Gegenliebe gestoßen.

2.2.3 Der Appell

Fast alle Nachrichten haben den Zweck, auf den Empfänger Einfluss zu nehmen, ihn zu etwas zu veranlassen. Genau darum geht es beim Appell. Bleiben wir beim Beispiel der Zahlungserinnerung. Der Leser der Zahlungserinnerung soll dazu veranlasst werden, endlich die Rechnung zu begleichen. Vielleicht soll er auch noch dazu veranlasst werden, künftig immer pünktlich zu zahlen, um sich Unannehmlichkeiten – wie zum Beispiel Mahngebühren, zu ersparen. Das steht dann zwar nicht so im Text, kann aber vom Empfänger der Nachricht „zwischen den Zeilen" so gelesen werden. Verdeckte Appelle sind häufig ein Versuch, den Empfänger des Briefes zu manipulieren. Und das kann ins Auge gehen.

2.2.4 Die Selbstkundgabe

Wer etwas von sich gibt, gibt immer auch ein Stück von sich bekannt. So teilen wir mit jedem Brief, den wir schreiben, auch etwas über unsere Weltanschauung, unsere Werte und uns selbst mit. Sind wir eher ein angenehmer Zeitgenosse? Sind wir großzügig oder pedantisch? Welche Wortwahl treffen wir? Sind wir gebildet oder nicht? Bevorzugen wir Fremdwörter oder schreiben wir klar verständlich? Kommunizieren wir auf der gleichen Ebene oder halten wir uns für „etwas Besseres"? Worauf legen wir Wert? Was ist uns weniger wichtig? All diese Aspekte lassen sich zwischen den Zeilen eines Briefes lesen. Und zwar, ob wir wollen oder nicht.

2.2.5 Bedeutung für die Korrespondenz

Sie sehen, Kommunikation ist gar nicht so einfach. Und bei der Korrespondenz ist sie noch ein Stück schwieriger. Der Empfänger hat den Sender der Nachricht nicht vor Augen. Er kann nicht die Körpersprache, die Gestik, die Mimik, oder den Tonfall interpretieren. Selbst ein verschmitztes Augenzwinkern des Senders beim Verfassen seines Briefes bleibt im Verborgenen. Das Einzige, was der Empfänger sieht, sind Buchstaben, Wörter und Sätze.

2.3 Filter unserer Wahrnehmung

Die Welt ist für uns so, wie wir sie wahrnehmen. Weil die Welt sehr komplex ist, filtern wir alles, was um uns herum vor sich geht. Nur das, was die Filter durchdringt, gelangt in unser Gehirn. Nur das nehmen wir wahr. Das ist dann unser Bild von der Welt. Es gibt eine ganze Reihe von Filtern. Über zwei dieser Filter lesen Sie auf den folgenden Seiten mehr.

2.3.1 Die vier Augen des Lesers

Sie haben gerade etwas über die vier Botschaften einer Nachricht gelesen. Diese vier Botschaften machen die Kommunikation an sich schon schwierig genug. Doch es gibt noch weitere Hürden. Der Leser verfügt – bildlich gesprochen, über vier Augen: Das Sach-Auge, das Beziehungs-Auge, das Appell-Auge und das Selbstkundgabe-Auge. Grundsätzlich nimmt das jeweilige Auge die entsprechende Botschaft einer Nachricht wahr. Das Problem liegt in den „spezifischen Sehgewohnheiten" des Empfängers.

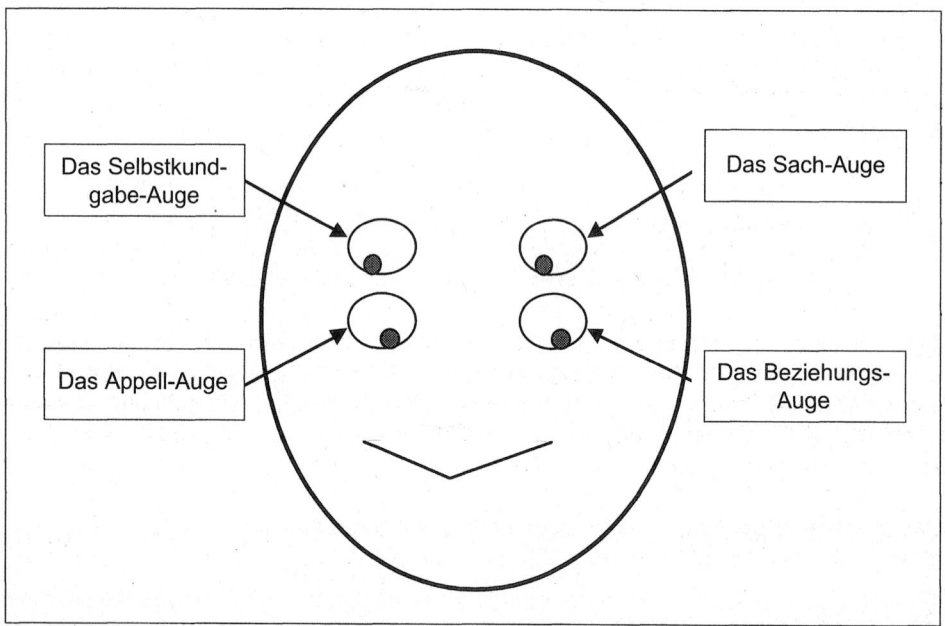

Abbildung 3: Die vier Augen des Lesers; in Anlehnung an die vier Ohren des Empfängers, Schulz von Thun, Miteinander reden 1

Jeder Empfänger hat sich in der Regel auf eines der vier Augen spezialisiert. Mit diesem Auge betrachtet er die Welt. Aus Ihrer Nachricht nimmt er folglich vor allem jene Botschaft wahr, die seinen spezifischen Sehgewohnheiten entspricht. Die drei anderen Botschaften fallen mehr oder weniger unter den Tisch.

Der Sach-Auge-Leser entnimmt Ihrer Nachricht folglich vor allem die Sachaspekte. Beziehungsaspekte interessieren ihn wenig, versteckte Appelle nimmt er nicht wahr, ebenso wenig wie Selbstkundgaben.

Dem Beziehungs-Auge-Leser sticht sofort der Beziehungsaspekt ins Auge. „Wie reden die mit mir? Wie gehen die denn mit mir um? Was erlauben die sich?", das sind typische Fragen des Beziehungs-Auge-Lesers. Noch bevor er überhaupt den Sachinhalt, den Appell oder die Selbstkundgabe wahrnimmt, regt er sich unter Umständen über den Umgangston, der ihm missfällt, auf.

2.3 Filter unserer Wahnehmung

Der Appell-Auge-Leser fragt sich sofort, was er denn nun tun soll und sucht nach versteckten Appellen in der Nachricht. Dabei überinterpretiert er unter Umständen den Inhalt und tut Dinge, die niemand von ihm erwartet.

Der Leser mit dem Selbstkundgabe-Auge schätzt zunächst ein, was denn das für einer ist, der ihm da einen Brief geschrieben hat. Er analysiert den Stil und die Wortwahl und macht sich ein Bild über den Absender, bevor er die anderen Aspekte des Briefes überhaupt wahr nimmt.

Jeder Mensch legt nach diesem Modell sein besonderes Augenmerk auf eine Botschaft der Nachricht. Das gilt für den Verfasser ebenso wie für den Empfänger. Wenn beide auf die gleichen Aspekte Wert legen, ist die Kommunikation noch relativ einfach. Kommunikationsstörungen sind jedoch vorprogrammiert, wenn der Empfänger einer anderen Botschaft mehr Bedeutung zumisst, als der Verfasser.

2.3.2 Denkpräferenzen am Beispiel des Herrmann Dominanz Instruments (H.D.I.)

Jeder Mensch ist einzigartig und nimmt die Welt nach seinen ganz individuellen Denkpräferenzen wahr. Diese Denkpräferenzen wirken als Filter. Wörter und Sätze, die zum eigenen Denkstil passen, passieren diesen Filter und liefern Informationen. Wörter, die dem eigenen Denkstil fremd sind, bleiben im Filter hängen. Sie werden kaum oder gar nicht wahrgenommen.

Das Herrmann Dominanz Instrument unterteilt das Gehirn metaphorisch, also rein bildlich gesprochen, in die vier Quadranten: A, B, C und D.

Der A-Quadrant
steht für numerisches, analytisches, logisches und mathematisches Denken. Ein Mensch, der seine Denkpräferenz im A-Quadranten hat

- sammelt Fakten,
- analysiert die Situation rational,
- löst Probleme auf logische Weise,
- argumentiert rational,
- beruft sich auf Zahlen und Werte,
- versteht technische Zusammenhänge,
- berücksichtigt finanzielle Aspekte.

Der B-Quadrant
steht für lineares, prozedurales, strukturiertes Denken, für Planung und Organisation. Ein Mensch, der seine Denkpräferenz im B-Quadranten hat

- geht Schwierigkeiten praktisch an,
- entdeckt versteckte Probleme,
- bleibt beharrlich bei der Sache, bis sie fertig ist,
- liest das Kleingedruckte,

- entwickelt detaillierte Pläne,
- achtet auf Termine und Zeitplanung.

Der C-Quadrant
steht für Musikalität, zwischenmenschliches, spirituelles und emotionales Denken. Ein Mensch, der seine Denkpräferenz im C-Quadranten hat

- erkennt zwischenmenschliche Probleme,
- spürt die Reaktionen anderer Menschen,
- respektiert ethische Werte,
- begegnet anderen Menschen mit Wärme,
- ist mitreißend und kann andere überreden,
- reagiert auf die Körpersprache anderer.

Der D-Quadrant
steht für visuelles, intuitives und konzeptionelles Denken. Ein Mensch, der seine Denkpräferenz im D-Quadranten hat

- sieht den großen Zusammenhang,
- toleriert Unsicherheit und Unwägbares,
- erkennt Chancen und Möglichkeiten,
- löst Probleme eher intuitiv,
- kann Ideen und Konzepte integrieren,
- stellt etablierte Verfahren in Frage,
- setzt seine Phantasie ein.

Beispiel:
Am Beispiel eines Autokaufs können Sie die Filterwirkung der unterschiedlichen Denkpräferenzen deutlich erkennen:

Der A-Quadrant-Denker achtet auf:
- Leistungsdaten,
- Verbrauchswerte,
- den Wiederverkaufswert,
- sonstige technische Daten,
- Wartungsintervalle,
- ... bevorzugt technisch hochwertige Fahrzeuge.

Der B-Quadrant-Denker achtet auf:
- Sicherheitseinrichtungen,
- Lebensdauer,
- Praktische Details (Türen, Kofferraumvolumen, Tankvolumen, Reichweite),
- Schließanlage,
- ... hat sich vorher gut informiert und weiß, was er will.

Der C-Quadrant-Denker achtet auf:
- Fahrgefühl,
- Bedienerfreundlichkeit,
- „Persönlichkeit" des Autos,

- Freundlichkeit des Verkäufers,
- Service,
- ... kommt auf Empfehlung eines Freundes.

Der D-Quadrant-Denker achtet auf:
- Ästhetik,
- Form,
- Farbe,
- Design,
- Neuigkeiten,
- ... sucht sein Traumauto.

2.3.3 Bedeutung für die Korrespondenz

Schriftliche Korrespondenz ist immer der Versuch einer Verständigung auf Distanz. Dabei ist nicht sicher, ob die gesendete Nachricht beim Empfänger so ankommt, wie das vom Sender beabsichtigt war. Eine unmittelbare Rückkoppelung gibt es nicht. Missverständnisse können deshalb nicht sofort aufgeklärt werden. Unterschiedliche Empfangsgewohnheiten und verschiedene Denkpräferenzen erschweren das gegenseitige Verständnis. Für eine gelungene Korrespondenz ist es wichtig, dass der Sender sich dieser Schwierigkeiten bewusst ist und seine Worte deshalb bewusst wählt, damit er auch Empfänger mit anderen Empfangsgewohnheiten erreichen kann.

Unterschiedliche Menschen haben unterschiedliche Denkpräferenzen. Ein Mensch kann Präferenzen in mehreren Quadranten haben. Es ist möglich, dass jemand in allen vier Quadranten Präferenzen hat. Die meisten haben ihre Präferenzen in zwei oder drei Quadranten.

Als Autoverkäufer können Sie im Gespräch testen, auf welche Worte Ihre Kunden anspringen. In der Korrespondenz kennen Sie die Präferenzen Ihrer Korrespondenzpartner in den wenigsten Fällen. Wenn Sie sicher sein wollen, dass Ihre Worte auf fruchtbaren Boden fallen, sollten Sie Ihre Nachricht so verpacken, dass alle Quadranten angesprochen werden. Sie vermeiden dadurch, dass Ihre Worte in den Filtern des Empfängers hängen bleiben.

2.3.4 Schlussfolgerung

Unsere Denkpräferenzen stellen einen starken Filter für das Wahrnehmen der Umwelt dar. Wörter, die unseren Denkpräferenzen entsprechen, nehmen wir wahr. Wörter und Begriffe, die nicht zu unseren Denkpräferenzen passen, können den Filter nur schwer oder gar nicht passieren. Wir registrieren sie kaum oder gar nicht.

2.4 Zusammenfassung

In der Kommunikation gibt es Sender und Empfänger. Der Sender hat eine klare Vorstellung von dem, was er dem Empfänger übermitteln will. Er codiert seine Vorstellung, indem er sie zum Beispiel in Worte fasst und sendet sie an den Empfänger. Der Empfänger nimmt seine Umwelt durch unterschiedliche Filter wahr. Nicht alle gesendeten Informationen passieren die Filter. Aus den empfangenen Informationen der Nachricht gestaltet der Empfänger sein Bild von den Vorstellungen des Senders. Das Bild des Empfängers weicht in der Regel vom Bild des Senders ab. Um es mit Watzlawick zu sagen: Verstehen ist unwahrscheinlich. Nur wenn der Sender die Problematik kennt und sie berücksichtigt, hat er eine Chance, mit seiner Nachricht beim Empfänger das zu erreichen, was er beabsichtigt hat.

3. Tipps für gute Korrespondenz

3.1 Ziele dieses Kapitels

Wenn Sie künftig Ihre Korrespondenz professioneller gestalten wollen, dann erhalten Sie in diesem Kapitel wichtige Anregungen. Ihre Korrespondenz verbessert sich, wenn Sie die jeweiligen Tipps beherzigen. Sie profitieren von diesem Kapitel noch mehr, wenn Sie sich von den Tipps anregen lassen, sich noch mehr in Ihre Korrespondenzpartner einzudenken und Ihre Briefe noch kundenorientierter zu gestalten. Sie werden sehen, wie schnell Sie Erfolg haben und wie es Ihnen Spaß macht, individuelle Briefe, Faxe und E-Mails zu verfassen. Und weil Übung bekanntermaßen den Meister und die Meisterin macht, haben Sie nach jedem Tipp Gelegenheit, das Erlernte in einer Übung auszuprobieren.

3.2 Die Bedeutung der „Betreff"-Zeile

Stellen Sie sich vor, Ihr Schreibtisch ist voll. Sie sind ein Mensch, der bei der Arbeit klare Prioritäten setzt: zuerst das Wichtige, dann das Dringende. Wie gehen Sie dann vor, wenn Sie Korrespondenz erledigen? Sie werden zunächst die Briefe kurz anschauen. Die wichtigen Briefe werden Sie zuerst beantworten, die weniger wichtigen später. Und woher wissen Sie, welche Briefe wichtig sind?

In einem kundenorientierten Brief steht in der Betreff-Zeile kurz zusammengefasst, worum es geht. Kundenorientierte Briefeschreiber nutzen die Betreffzeile bewusst. Sie helfen dem Leser dadurch, Zeit zu sparen. Das ist Dienst am Kunden. Übrigens, das Wort „Betreff" wird heute nicht mehr vor die Betreff-Zeile geschrieben.

Beispiele für gute Betreffzeilen:

- Unser Gespräch vom 4. März – bitte liefern Sie frei Haus
- Ihr Angebot vom 5. Mai – der Preis ist zu hoch

Weniger gute Betreffzeilen wären:

- Unser Gespräch
- Ihr Angebot

Übrigens: Was über die Betreff-Zeile hier gesagt wurde, gilt auch für E-Mails. Es ist nervraubend, wenn man E-Mails erhält, die keine Betreffzeile haben. Als Empfänger muss man diese E-Mails erst öffnen, um zu sehen, worum es geht. Damit verschwendet man die Zeit des Lesers und das ist unhöflich. Es gibt inzwischen E-Mail-Nutzer, die sich strikt weigern, Mails ohne Betreff-Zeile überhaupt zu öffnen. Dann hat der Verfasser das Nachsehen ... .

Übung 3.2:

Sie verfassen einen Brief, in welchem Sie den Empfänger dazu veranlassen wollen, die überfällige Rechnung Nr. 4711 vom 17. Juli bis spätestens 15. August zu begleichen. Wie lautet Ihre aussagekräftige Betreff- Zeile?

3.3 Fassen Sie sich kurz

Sie können davon ausgehen, dass die meisten Arbeitnehmer eher zu wenig als zu viel Zeit haben. Deshalb sollten Sie in Ihrer Korrespondenz möglichst sofort auf den Punkt kommen. Das ist höflich. Gute Briefe sind sachlich und kurz. Wer zuerst drei Zeilen Einleitung verfasst und darin in umständlicher Art und Weise Dinge niederschreibt, die sowieso bekannt sind, verschwendet seine eigene Zeit – das mag noch sein persönliches Problem sein. Aber er verschwendet gleichzeitig die Zeit des Empfängers, der die literarischen Ergüsse lesen muss. Und das ist dann nicht mehr sein persönliches Problem. Höflichkeit in einem Geschäftsbrief bedeutet, möglichst ohne Umschweife zur Sache zu kommen und das in einer klar strukturierten Weise.

Übung 3.3:

Formulieren Sie das folgende Beispiel eines Briefes aus der Praxis kurz und höflich:

So schreibt der umständliche Korrespondent	So schreiben Sie kurz und höflich
Sehr geehrte Damen und Herren, Personalkosten sind ein Kostenfaktor, der ständig optimiert werden muss. Sollten auch Sie die Absicht verfolgen, Ihre Personalkosten abzusenken, dann können Sie das durch eine gemeinsame Zusammenarbeit mit uns in absehbarer Zeit zur Umsetzung bringen. Wir sind ein Team von Spezialisten, das sich auf die Senkung von Personalkosten, welche durch Leerzeiten entstehen, spezialisiert hat. Mit Personalleasing senken Sie Ihre Kosten und halten dabei gleichzeitig Ihren Service-Standard. Herr Mooshuber zeigt Ihnen auf Ihren Wunsch gerne, welche Möglichkeiten es zu einer Kostensenkung gibt. ..	

3.4 Partner Kunde

Was ist Ihr Kunde für Sie? Ein König? Ein Partner? Ein Bittsteller? Häufig hört oder liest man das Sprichwort: „Der Kunde ist König!" Welche Gefühle haben Sie, wenn Sie es mit einem „König" zu tun haben? Fühlen Sie sich ernst genommen? Haben Sie das Gefühl, einen Hofknicks machen zu müssen? Wahrscheinlich haben Sie Angst, dem König „auf gleicher Augenhöhe" zu begegnen. Es mag im Verlauf der Geschichte gute und schlechte Könige gegeben haben. Allen gemeinsam war, dass sie als Herrscher mehr zu sagen hatten, als ihre Untertanen. Das Bild mit dem Kunden als König passt nicht in unsere Zeit. Wir sind aufgeklärte, gut ausgebildete Fachleute und wollen ernst genommen werden von unseren Geschäftspartnern. Das bedeutet, wir sollten die Geschäftspartner ernst nehmen und sie partnerschaftlich behandeln. Nicht wie Könige, denen man die Wünsche von den Augen abliest und jeden Wunsch, mag er noch so absurd sein, erfüllt. Aber auch nicht wie Bittsteller, denen man zunächst einmal die eigene Macht demonstriert und sie erniedrigt. Der Ton macht die Musik. Schreiben Sie deshalb weder unterwürfig noch von oben herab. Kein Partner erwartet von Ihnen Belehrungen.

Übung 3.4:

So schreibt der Korrespondent auf unterschiedlicher Augehöhe	So schreiben Sie partnerschaftlich
Verehrtester Herr Dr. Sowieso, *bitte entschuldigen Sie vielmals das Versehen, das einem unserer Mitarbeiter bei der Bestellung unterlaufen ist. Selbstverständlich werden wir alle Hebel in Bewegung setzen, um die von Ihnen gewünschte Ware rechtzeitig zu beschaffen.*	
Sehr geehrte Frau Schulz, *so geht es nicht! Sie können nicht einfach bestellen und nicht bezahlen! Wenn Sie nicht bis zum 15. diesen Monats Ihr Konto ausgeglichen haben, müssen wir zu weiteren Maßnahmen greifen. Lassen Sie es nicht darauf ankommen!*	

3.5 Maslows Tipps

Abraham Maslow unterscheidet in seiner Bedürfnispyramide fünf unterschiedliche Kategorien von Bedürfnissen:

1. **Die Grundbedürfnisse**
   dazu zählt er z. B. Hunger, Durst, Wärme, Schlaf. Die physiologischen Bedürfnisse entstehen aus dem Bestreben, die physische Existenz zu sichern.

2. **Die Sicherheitsbedürfnisse**
   entstehen aus dem Wunsch nach Schutz vor Gefahren. Zu den Sicherheitsbedürfnissen gehört der Wunsch nach Schutz, Vorsorge und Angstfreiheit. Aber auch der Wunsch nach Ordnung, Risikobegrenzung, und bei manchen Menschen der Wunsch nach einem starken Führer.

3. **Die sozialen Bedürfnisse**
   der Mensch ist kein Lebewesen, das es ohne sozialen Kontakt lang aushält. Er hat soziale Bedürfnisse, das sind Bedürfnisse nach Kontakt mit anderen Menschen, Zugehörigkeit zu Gruppen und Liebe.

4. **Das Ich-Bedürfnis (Bedürfnis nach Anerkennung)**
   Das Ich-Bedürfnis ist das Bedürfnis nach Anerkennung. Maslow unterteilt es in das Bedürfnis nach Selbstachtung und das Bedürfnis nach Anerkennung durch Dritte.

5. **Das Bedürfnis nach Selbstverwirklichung**
   damit ist gemeint, der Wunsch nach bestmöglicher Entfaltung aller individuellen Anlagen.

Viele dieser Bedürfnisse spielen auch in der Korrespondenz eine Rolle. Je besser es Ihnen gelingt, die Bedürfnisse der Kunden zu befriedigen, desto gelungener wird die partnerschaftliche Beziehung und desto zufriedener sind Ihre Kunden. Beispiele dafür, wie Sie in der Korrespondenz auf die jeweiligen Bedürfnisse der Kunden eingehen können, finden Sie in der Tabelle auf Seite 25.

Übung 3.5:

Überlegen Sie, was Sie tun können, um die Bedürfnisse Ihrer Korrespondenzpartner zu befriedigen.

Bedürfnis	Erwartung des Kunden	Was Sie tun können
Grundbedürfnisse	Schnelle Antwort auf existenzielle Fragen	
Sicherheits-bedürfnisse	Sicherheit in allen Angelegenheiten. Klarheit, Nachvollziehbarkeit	
Soziale Bedürfnisse	Kontakte pflegen	
Ich-Bedürfnis	Achtung und Akzeptanz als Mensch, ernst genommen werden	
Bedürfnis nach Selbstverwirklichung	Sich einbringen können	

3.6 Kundenorientierung heißt: Hilfe anbieten

3.6.1 Gerade in Notsituationen braucht der Kunde Hilfe

Hatten Sie schon einmal Zahnschmerzen? Also für mich war das ein sehr unangenehmes Gefühl. Am Anfang ging es ja noch. Aber nach einiger Zeit wurden die Schmerzen heftiger. Trotz meiner angeborenen Angst vor Zahnärzten und Zahnarzt-Stühlen blieb mir nichts anderes übrig, als einen Termin zu vereinbaren. Ich war außerordentlich froh, als die Mitarbeiterin der Praxis sagte: „Wenn es ein Notfall ist, dann kommen Sie doch gleich vorbei. Bringen Sie ein wenig Geduld mit. Wir finden schon eine Lösung." Ja, ich war richtig erleichtert. Da gab es einen Menschen, der mein Problem aufnahm, der mit mir fühlte und der sich daran machte, mir zu helfen. Allein diese Tatsache hat schon dazu beigetragen, meine Schmerzen zu lindern. Und schließlich konnte mir der Zahnarzt auch helfen.

3.6.2 „Da können wir nichts machen..."

Nicht immer mache ich so erfreuliche Erfahrungen. Zum Beispiel hatte ich eine Reklamation wegen einer Glastür, die einfach nicht schließen wollte. Also rief ich im Baumarkt an.

„Ja, da können wir nichts machen. Da müssen wir uns zuerst mit dem Lieferanten in Verbindung setzen."

Ein anderes Mal benötigte ich dringend ein Medikament. Die Mitarbeiterin der Apotheke erklärte mir: „Da können wir nichts machen. Im Augenblick haben wir das Medikament in der Packungsgröße nicht da. Wir müssen es erst bestellen."

Ähnliche Auskünfte kennen Sie bestimmt aus eigener Erfahrung. Sie haben ein Problem. Sie schildern dieses Problem dem Lieferanten, einem Mitarbeiter des Elektrizitätswerkes, einem Mitarbeiter des Gasversorgungs-Betriebs oder dem Kundendienst des Kaufhauses, in welchem Sie Ihr Produkt gekauft haben. Die erste Auskunft, die Sie zu hören bekommen ist: „Da können wir leider nichts machen."

3.6.3 Sie können doch etwas machen!

Die Aussage „Da können wir nichts machen" stimmte natürlich in keinem Fall. Die Mitarbeiterin des Baumarktes konnte sich mit dem Hersteller in Verbindung setzen. Die Mitarbeiterin der Apotheke konnte das Medikament bestellen. Warum nur haben sie mich zuerst mit der abweisenden Aussage „Da können wir nichts machen" abgeschreckt? Warum haben sie das, was sie für mich tun konnten – und letztlich auch tun wollten – negativ verpackt, anstatt positiv zu sagen, was sie für mich tun könnten? Warum haben sie mich mit meinem Problem zunächst im Regen stehen lassen?

3.6.4 Schreiben Sie, was Sie tun können

Zeigen Sie Verständnis, wenn ein Kunde etwas von Ihnen will. Wenn ein Kunde kommt oder wenn Ihnen ein Kunde etwas schreibt: Sagen oder schreiben Sie nie: „Da kann ich nichts machen." Egal, was auch immer geschehen sein mag. Sie können etwas tun! Schreiben Sie dem Kunden lieber was Sie für ihn tun können. Das möchte er wissen. Ihn interessiert einzig, wie Sie ihm helfen können. Überlassen Sie es dem Kunden, zu beurteilen, ob das, was Sie für ihn tun wollen, viel oder wenig ist. Zeigen Sie Verständnis für die Situation des Kunden. Vielleicht denken Sie an die Mitarbeiterin der Zahnarztpraxis, von der ich Ihnen erzählt habe. Oft hilft es dem Kunden schon, wenn jemand Verständnis für ihn hat.

Übung 3.6:

Formulieren Sie die folgenden Sätze um und teilen Sie dem Korrespondenzpartner mit, was Sie für ihn tun können.

So formuliert der ablehnende Korrespondent	So formulieren Sie professioneller
„Wir können Ihnen im Augenblick leider nicht weiterhelfen, weil unser Lieferant die Ersatzteile erst in zwei Wochen liefert."	
„Wir können Ihnen den Betrag nicht gutschreiben, weil wir die Legitimation noch nicht geprüft haben."	
„Wir können Ihnen den KFZ-Brief nicht aushändigen, weil das Geld noch nicht bei uns eingegangen ist."	
„Wir können im Augenblick leider nichts für Sie tun, weil die Zusage der Versicherung noch nicht eingegangen ist."	

3.7 Nutzen Sie die Verständlichmacher

Erst, wenn die Geschäftskorrespondenz beim Empfänger die gewünschte Wirkung erzielt, ist sie „angekommen". Dazu muss der Empfänger verstehen, was wir als Sender von ihm wollen. Einen positiven Beitrag zur Verständlichkeit leisten:

- die Einfachheit
- die Gliederung
- die Kürze.

Schulz von Thun bezeichnet sie deshalb als Verständlichmacher (vgl. Friedemann Schulz von Thun: Miteinander reden 1, Seite 143). In der folgenden Tabelle sehen Sie, wie sich die Verständlichmacher wohltuend von ihren Gegenspielern, den „Unverständlichmachern" abheben. Wenn es Ihre Absicht ist, verständlich zu korrespondieren, dann sollten Sie folglich die Verständlichmacher einsetzen und die Unverständlichmacher meiden.

Verständlichmacher	Unverständlichmacher
Einfachheit	***Kompliziertheit***
„Bei mir kann man alles gut verstehen. Ich verwende bekannte Wörter und baue klare Sätze. Fachwörter erkläre ich. Ich spreche und schreibe fehlerfrei, treffend und anschaulich, sodass sich jeder vorstellen kann, was ich meine. Ich rede wie ein normaler Mensch, nicht wie ein Gelehrter."	*„Mein Name, welcher sich als kontradiktorischer Gegensatz zu dem links vorgestellten Gegenpol ergibt, subsumiert all jene stilistischen Charakteristika, die die Rezeption auf der Wort- und Satzebene behindern, wobei extrem verschachtelte Satzkonstruktionen ebenso wie die multiple Verwendung von Fremd-, Fach- und sonst wie esoterischen Wörtern zu einem (nicht selten Prestigezwecken dienenden) hochelaborierten Sprachmuster auf meist hohem Abstraktionsniveau beitragen."*
Gliederung	***Unübersichtlichkeit***
Ich tue alles, damit der Leser sich zurechtfindet und die Übersicht behält. Wie erreiche ich das? Indem ich sowohl für äußere Gliederung als auch für inneren logischen Aufbau sorge: Dazu gehört die Ankündigung, wie der Text aufgebaut ist; dazu gehören Absätze, Überschriften und hervorgehobene wichtige Stellen. Alles baut logisch aufeinander auf, alles kommt schön der Reihe nach. Auf Querverbindungen zu andern Textstellen weise ich deutlich hin.	*Bei mir kommt alles hintereinanderweg, so wie es gerade kommt. Wichtige Wörter oder Sätze verschwinden im Unwichtigen, und vieles geht durcheinander. Ich mache keine Absätze, und der Leser weiß nicht, wohin die Reise geht. Ich heiße auch noch so, weil ich am Anfang gleich loslege, ohne zu sagen, worauf ich eingehen will. Der Leser weiß nicht, wie alles zusammengehört. Manche Sätze stehen beziehungslos nebeneinander.*
Kürze	***Weitschweifigkeit***
Ich liebe es, viel Information mit wenig Worten zu vermitteln. Kurz und bündig, aufs Wesentliche beschränkt. Auch wenn es manchen ab und zu gedrängt erscheint.	*Mit meinem Namen sind meine Eigenschaften, also diejenigen Merkmale, an denen man mich erkennen kann, schon angedeutet: Ich liebe es, viele Worte zu machen, oder andersherum ausgedrückt: Ich hasse es, mich kurz zu fassen und mich auf das Aller-, Allerwichtigste zu beschränken. Stattdessen bevorzuge ich es in den allermeisten Fällen, – wobei es natürlicherweise auch in speziellen Fällen Ausnahmen geben kann, die andererseits auch, wenn man es genau betrachtet doch wiederum recht selten sein mögen und der spezifischen Lage durchaus differenziert angepasst sind, weil ich mir durchaus bewusst bin, dass das Setzen von Prioritäten eine Tätigkeit ist, die gerade in der heutigen Zeit ihre Bedeutung hat, wobei ich die grundsätzliche Bedeutung des Prioritätensetzens nicht mindern oder gar relativieren möchte, denn grundsätzlich ...*

Tabelle 2: Verständlichmacher und Unverständlichmacher nach: Schulz von Thun, Friedemann, Miteinander reden 1

Übung 3.7:

Drücken Sie den folgenden Sachverhalt einfach, kurz und gegliedert aus:

> Sehr geehrte Damen und Herren,
> wie wir in unserem letzten Gespräch vereinbart hatten, wir hatten es bereits in den davorliegenden Gesprächen so mit Ihrem sehr geehrten Herren Huber von der Marketingabteilung diskutiert, wollen wir nun hinsichtlich der Kampagne zur Gewinnung neuer Kunden (neue Kunden sind für uns, wie wir Ihnen bereits mitgeteilt hatten, in diesem Jahr besonders wichtig, weil die Konkurrenz uns durch Sonderaktionen, deren rechtliche Zulässigkeit wir bereits durch unseren Anwalt, Herrn Dr. Birnbaum von Anwaltskanzlei Birnbaum Meyer und Mittermeier, Hamburg, überprüfen ließen, eine ganze Menge Kunden abgerungen hat und wir eben diese Kunden und zusätzliche weitere Kunden infolgedessen wieder gewinnen bzw. zurückgewinnen wollen und müssen), doch alle Register ziehen und die bereits angedachten Werbemaßnahmen mit Flyern, Preisausschreiben, local events mit giveaways, Zeitungsannoncen und Plakatwerbung, flankieren durch ins Ohr gehende Werbespots im Regionalradio, wobei wir an eine Sprecherin mit einer eingängigen Stimme gedacht hatten, für welche Sie uns im Bereich unseres Budgetlimits drei bis fünf Vorschläge machen wollten.

3.8 Schreiben Sie einfach und klar

Wer es nicht einfach und klar sagen kann, der soll schweigen und weiter arbeiten bis er es klar sagen kann. Dieses Zitat des Philosophen Karl Popper gilt auch für die Korrespondenz. Blähfloskeln, Füllwörter und Scheinhöflichkeiten sind unnötiger Ballast, den Sie abwerfen sollten. Modern korrespondieren heißt den direkten Weg zum Ziel suchen.

Übung 3.8:

1. Vereinfachen Sie die folgenden Blähfloskeln

So formuliert der umständliche Korrespondent	So schreiben Sie
zu diesem Zeitpunkt	
zu keinem Zeitpunkt	
zu besagtem Termin	
ließ an Deutlichkeit nichts zu wünschen übrig	

2. Streichen Sie Füllwörter

So formuliert der umständliche Korrespondent	So schreiben Sie
gewissermaßen	
sozusagen	
irgendwie	
regelrecht	
selbstredend	
insbesondere	
Genau genommen	
quasi	
echt	

3. Entrümpeln Sie Füllfloskeln und Scheinhöflichkeiten

So formuliert der scheinhöfliche Korrespondent	So schreiben Sie
Ihren geschätzten Brief vom 3. Mai haben wir dankend erhalten	
... bitten wir Sie höflichst, uns Ihre Zeugnisse zuzusenden	
... erhalten Sie die Unterlagen zu unserer Entlastung zurück	

4. Erkennen Sie Doppelmöppe

So formuliert der umständliche Korrespondent	So schreiben Sie
Alternativmöglichkeit	
einsparen	
auseinander dividieren	
anbetreffen	
kann möglich sein	
Rückantwort	
Telefonanruf	
zusammenaddieren	
mit einbeziehen	
Rückfrage	

3.9 Verwenden Sie Verben, vermeiden Sie Nomen

Niemand käme im Alltag auf die Idee, ständig Nomen zu verwenden. In der Korrespondenz ist es (leider) immer noch Gang und Gäbe, aus jedem Verb ein Nomen zu machen. Das klingt dann ungefähr so:

„Zur Vermeidung einer weiteren Mahnung bitten wir um baldige Veranlassung der Begleichung der offenen Rechnung. Eine weitere Stundung der Rechnung fände unsere Zustimmung nur in Verbindung mit einer Abtretung Ihrer Forderungen in Höhe von ... €. Wir bitten um Stellungnahme."

Mit solchen Sätzen mögen Sie einen unbedarften Auszubildenden im ersten Lehrjahr beeindrucken. Ihrem Unternehmen stellen Sie keine gute Visitenkarte aus. Deshalb: vermeiden Sie Nomen. Verwenden Sie Verben.

Übung 3.9:

So schreibt „Herr Nomen"	So schreiben Sie
Die Buchung des Zahlungseingangs über 250,00 € ist bei uns am 30. September erfolgt.	
Die Reparaturarbeiten an unserer Telefonanlage wurden am 1. Oktober durchgeführt.	
Der guten Ordnung halber bestätigen wir hiermit den Eingang Ihrer Unterlagen am 16. Oktober.	
Die Genehmigung unseres Baugesuches durch das Landratsamt erfolgte am 24. August.	
Die Ingangsetzung Ihres Fahrzeuges ist erfolgt. Wir stellen die folgenden Aufwendungen in Rechnung: ...	
Bei der Bearbeitung Ihres Antrags ist es zu einer Verzögerung gekommen, weil die Einreichung Ihrer Unterlagen zu spät erfolgte.	
Die Rückerstattung des überzahlten Beitrags bringen wir am 2. Oktober zur Buchung.	
Die Zahlungsleistung erfolgte bereits am 22. August, wie Sie dem beigefügten Kontoauszug entnehmen wollen.	
Die Entscheidungsfindung hat sich durch eine neue Problemstellung verkompliziert.	
Für den bedauerlichen Fehler unsererseits müssen wir Sie um Entschuldigung bitten.	

3.10 Lieber aktiv sein als leiden

Ist es Unsicherheit? Liegt es am Wunsch, selbst nicht sichtbar zu sein und sich hinter „der Amtsgewalt" zu verstecken? Oder liegt es einfach daran, dass es viele Korrespondenten nicht gelernt haben, sich aktiv auszudrücken? Es mag viele Ursachen haben, weshalb das Passiv in der Korrespondenz auch heute noch so beliebt ist. Beispiele:

- Der Vorfall ist geprüft worden...
- Der Betrag in Höhe von ...€ ist an Sie überwiesen worden...
- Uns ist durch das Straßenverkehrsamt mitgeteilt worden, dass ...
- Der Antrag musste abgelehnt werden, weil die Frist zur Antragstellung abgelaufen war...

Leiden Sie auch, wenn Sie solche Sätze lesen? Nicht umsonst ist das Passiv die Leidensform. Passivsätze sind menschenleer. Es gibt kein ich, kein Sie und kein wir. Der Amtsschimmel wiehert bei solchen Sätzen. In der modernen Korrespondenz haben sie nichts zu suchen. Weg mit der Leidensform. Wir sind aktive Menschen, die im Aktiv formulieren und die Leidensform ein für allemal vergessen. Also –
statt: der Vorfall ist geprüft worden besser: Wir haben den Vorfall geprüft. Ergebnis ...

Übung 3.10:

Formulieren Sie die folgenden Sätze um in Aktivsätze

So schreibt Frau Passiv	So schreiben Sie aktiv
Der Betrag in Höhe von 100,00 € ist an Sie überwiesen worden...	
Uns ist durch das Straßenverkehrsamt mitgeteilt worden, dass ...	
Der Antrag musste abgelehnt werden, weil die Frist zur Antragstellung abgelaufen war...	
Die Bestellung wurde weitergeleitet	

3.11 Alles dreht sich um den Kunden

Oder etwa nicht? Der Kunde steht im Mittelpunkt. Das gilt auch für die Korrespondenz. Wenn Sie diesen Grundsatz beherzigen, dann kommen Sie gar nicht erst in Versuchung, ständig in „Wir"-Form zu schreiben. Gesundes Selbstbewusstsein ist hilfreich. Das bedeutet jedoch nicht, dass man sich ständig in den Vordergrund schieben muss. Und genau das tut man, wenn man ständig in der „Wir-Form" korrespondiert.

Zahlreiche Stellenanzeigen sind auch heute noch nach dem klassischen Motto verfasst: „Wir sind, wir suchen, wir bieten". Kein Wunder, wenn sich viele potenzielle Bewerber von so viel Nabelschau abschrecken lassen. Briefe in Sie-Form lesen sich besser und sind kundenorientierter.
Schreiben Sie deshalb statt: „Wir haben Ihren Brief mit dem Angebot erhalten" besser: „Vielen Dank für Ihr Angebot".

Übung 3.11:

Die folgenden Sätze sind einem Brief aus der Praxis entnommen. Sie sind im Wir-Stil verfasst. Formulieren Sie die Satzinhalte im Sie-Stil.

So schreibt Herr Wir	So schreiben Sie kundenorientiert
Wir haben Ihre Anfrage wegen einer Schrankwand nach Maß erhalten.	
Wir benötigen für die genaue Anfertigung der Schrankwand noch die detaillierten Maße. Wir wären froh, wenn wir einen detaillierten Plan des Büros bekommen könnten.	
Wir kommen aber auch gerne bei Ihnen vorbei um Maß zu nehmen. Dabei könnten wir mit Ihnen die weiteren Details (Farbe, Material, Fächeraufteilung etc.) besprechen.	
Wir versprechen Ihnen absolute Qualitätsarbeit zu fairen Preisen und wir halten die versprochenen Liefertermine stets ein.	
Wir danken für das Vertrauen in unsere Firma und versichern, dass wir alles tun um es zu rechtfertigen.	

3.12 Fragen Sie, bitten Sie, machen Sie Vorschläge aber befehlen Sie nie

Das Militär funktioniert auf der Basis von Befehl und Gehorsam. Die obere Instanz befiehlt: „Deckung!", die untere Instanz zieht den Kopf ein. Für partnerschaftliche Kundenbeziehungen eignet sich dieses Verhaltensmuster nicht. Partnern stellt man Fragen, man macht Vorschläge, man diskutiert. Aber man befiehlt nicht. In kundenorientierten Briefen sollten Sie deshalb auf das Ausrufezeichen verzichten. Es sei denn, Sie möchten einem Korrespondenzpartner absichtlich Ihre Macht demonstrieren. Hoffentlich haben Sie dann auch genügend Macht und sind nicht auf den Korrespondenzpartner angewiesen – auch nicht auf all jene potenziellen Kunden, die nicht kommen, weil der Korrespondenzpartner negativ über Sie redet ....

Übung 3.12:

Formulieren Sie die folgenden Sätze in einem partnerschaftlichen, kundenorientierten Stil.

So schreibt Herr Ausrufezeichen	So schreiben Sie kundenorientiert
Sehr geehrter Herr Müller!	
Ihr Vorschlag bezüglich des Ausgleichs des entstandenen Schadens missfällt uns!	
Vollzähliges Erscheinen zu dieser Veranstaltung ist angeordnet!	
Wenn Sie in diesem Jahr noch einen Termin haben wollen, dann am 21. Dezember um 14:00 Uhr!	

3.13 Das Ende naht...

Der Schluss eines Briefes ist genau so wichtig, wie der Anfang. Viele Korrespondenten verabschieden sich „wie anno dazumal". Dabei verwenden Sie nach heutigem Verständnis unmögliche Floskeln wie: „Wir hoffen, Ihnen damit gedient zu haben ... und verbleiben mit freundlichen Grüßen". Das „hoffen" und das „verbleiben" gehören in den Papierkorb. Vergessen Sie solche abgedroschenen Floskeln. Wo verbleiben Sie denn? Und: wie „verbleibt" man mit freundlichen Grüßen? Haben Sie sich das schon einmal bildlich vorgestellt? Dann sehen Sie sich vielleicht am Bahnhof stehen, in der Hand einen Blumenstrauß? Winken Sie dem Korrespondenzpartner nach, der in die weite Welt ziehen darf, während Sie „verbleiben"? Wenn Sie es konservativ mögen, dann schreiben

Sie doch einfach „Mit freundlichen Grüßen" Bitte nicht „Hochachtungsvoll" (Vor wem sollten Sie denn voller Hochachtung sein?) Wenn Sie kreativer oder einfach origineller sein wollen, dann schreiben Sie: „Freundliche Grüße aus A-Stadt" oder „Sommerliche Grüße aus ..." Ihrer Fantasie sind eigentlich keine Grenzen gesetzt. Der Gruß sollte zu Ihnen und zum Korrespondenzpartner passen.

Übung 3.13

Notieren Sie drei mögliche Sätze zur Verabschiedung

1. _____
2. _____
3. _____

3.14 Zusammenfassung

In diesem Kapitel haben Sie gelernt, dass es wichtig ist, kundenorientiert zu korrespondieren. Höflichkeit besteht in der modernen Korrespondenz vor allem darin, sich kurz und klar auszudrücken. Zeit ist Geld. Und die Zeit des Lesers ist kostbar. Die Betreff-Zeile hilft dem Korrespondenzpartner, auf einen Blick zu erkennen, worum es geht. Partnerschaftliche Kommunikation stellt den Partner in den Mittelpunkt und vermeidet den Wir-Stil ebenso, wie das Ausrufezeichen. Wer sagt, was er tun kann, kommt beim Partner besser an, als jemand, der mitteilt, was er alles nicht tun kann. Die Verständlichmacher helfen, Briefe lesbar zu gestalten. Verben sind besser als Nomen. Aktiv zu schreiben ist persönlicher, als sich hinter dem anonymen Passiv, der Leidensform, zu verstecken. Ein guter Brief hat einen guten Schluss. Er endet niemals mit „.. .und verbleiben mit freundlichen Grüßen".

3.15 Lösungshinweise zu den Übungen

Übung 3.2:

Rechnung Nr. 4711 – bitte zahlen Sie bis spätestens 15. August

3.15 Lösungshinweise zu den Übungen

Übung 3.3:

So schreibt der umständliche Korrespondent	So schreiben Sie kurz und höflich
Sehr geehrte Damen und Herren,	Sehr geehrte Damen und Herren,
Personalkosten sind ein Kostenfaktor, der ständig optimiert werden muss. Sollten auch Sie die Absicht verfolgen, Ihre Personalkosten abzusenken, dann können Sie das durch eine gemeinsame Zusammenarbeit mit uns in absehbarer Zeit zur Umsetzung bringen. Wir sind ein Team von Spezialisten, das sich auf die Senkung von Personalkosten, welche durch Leerzeiten entstehen, spezialisiert hat. Mit Personalleasing senken Sie Ihre Kosten und halten dabei gleichzeitig Ihren Service-Standard. Herr Mooshuber zeigt Ihnen auf Ihren Wunsch gerne, welche Möglichkeiten es zu einer Kostensenkung gibt. ..	möchten Sie Ihre Personalkosten optimieren ohne beim Service-Standard Abstriche zu machen? Dann sollten Sie mit uns über Personalleasing sprechen. Herr Mooshuber zeigt Ihnen gerne, wie Sie jährlich bis zu 20 Prozent an Personalkosten einsparen können.

Übung 3.4:

So schreibt der Korrespondent auf unterschiedlicher Augenhöhe	So schreiben Sie partnerschaftlich
Verehrtester Herr Dr. Sowieso,	Sehr geehrter Herr Dr. Sowieso,
bitte entschuldigen Sie vielmals das Versehen, das einem unserer Mitarbeiter bei der Bestellung unterlaufen ist. Selbstverständlich werden wir alle Hebel in Bewegung setzen, um die von Ihnen gewünschte Ware rechtzeitig zu beschaffen.	bei der Bestellung ist uns ein Fehler unterlaufen. Bitte entschuldigen Sie. Wir tun alles, damit Sie die gewünschte Ware dennoch rechtzeitig erhalten, wie Sie es von uns gewohnt sind.
Sehr geehrte Frau Schulz,	Sehr geehrte Frau Schulz,
so geht es nicht! Sie können nicht einfach bestellen und nicht bezahlen! Wenn Sie nicht bis zum 15. diesen Monats Ihr Konto ausgeglichen haben, müssen wir zu weiteren Maßnahmen greifen. Lassen Sie es nicht darauf ankommen!	Sie haben die Rechnung vom .... noch nicht bezahlt. Bitte gleichen Sie Ihr Konto bis zum 15. des Monats aus. Vielen Dank.

Übung 3.5:

Bedürfnis	Erwartung des Kunden	Was Sie tun können
Grundbedürfnisse	Schnelle Antwort auf existenzielle Fragen	*Für den Kunden wichtige Dinge schnell erledigen*
Sicherheitsbedürfnisse	Sicherheit in allen Angelegenheiten. Klarheit, Nachvollziehbarkeit	*klare Aussagen* *verständlicher Stil* *nachvollziehbare Begründungen*
Soziale Bedürfnisse	Kontakte pflegen	*Kontakt halten* *Fragen beantworten*
Ich-Bedürfnis	Achtung und Akzeptanz als Mensch, ernst genommen werden	*partnerschaftlicher Stil* *Kunden ernst nehmen* *nicht abkanzeln* *Termine einhalten*
Bedürfnis nach Selbstverwirklichung	Sich einbringen können	*Einbeziehen in die Problemlösung* *Fragen stellen* *Vorschläge verlangen*

Übung 3.6:

So formuliert der ablehnende Korrespondent	So formulieren Sie professioneller
„Wir können Ihnen im Augenblick leider nicht weiterhelfen, weil unser Lieferant die Ersatzteile erst in zwei Wochen liefert."	*„Wir bauen das Ersatzteil für Sie sofort ein, wenn es geliefert wird. Das wird in zwei Wochen der Fall sein."*
„Wir können Ihnen den Betrag nicht gutschreiben, weil wir die Legitimation noch nicht geprüft haben."	*„Sie erhalten die Gutschrift, sobald wir die Legitimation prüfen konnten. Bitte bringen Sie uns dazu schnellstmöglich..."*
„Wir können Ihnen den KFZ-Brief nicht aushändigen, weil das Geld noch nicht bei uns eingegangen ist."	*„Sie erhalten den KFZ-Brief sofort, wenn das Geld auf unserem Konto ist."*
„Wir können im Augenblick leider nichts für Sie tun, weil die Zusage der Versicherung noch nicht eingegangen ist."	*„Wir beginnen mit der Reparatur, sobald die Deckungszusage der Versicherung vorliegt. Wenn Sie möchten, fragen wir gerne direkt bei der Versicherung nach..."*

3.15 Lösungshinweise zu den Übungen

Übung 3.7:

> Sehr geehrte Damen und Herren,
>
> unsere diesjährige Kampagne zur Neukundengewinnung muss ein Erfolg werden. Wie besprochen sollen folgende Mittel eingesetzt werden:
>
> - Flugblätter,
> - Preisausschreiben,
> - Veranstaltungen vor Ort mit Mitnahmeartikeln für die Besucher
> - Zeitungsannoncen
> - Plakatwerbung.
>
> Eingängige Werbespots im Lokalradio sollen die Maßnahmen unterstützen. Wir denken an eine Sprecherin mit markanter Stimme. Bitte machen Sie uns fünf Vorschläge. Sie kennen das Budget und wissen, dass wir es nicht überschreiten wollen.

Übung 3.8:

1. Vereinfachen Sie die folgenden Blähfloskeln

So formuliert der umständliche Korrespondent	So schreiben Sie
zu diesem Zeitpunkt	*jetzt*
zu keinem Zeitpunkt	*nie*
zu besagtem Termin	*am 5. Januar*
ließ an Deutlichkeit nichts zu wünschen übrig	*war deutlich*

2. Streichen Sie Füllwörter

So formuliert der umständliche Korrespondent	So schreiben Sie
gewissermaßen	*Lassen Sie diese Füllwörter weg. Sie sparen Zeit, Tinte und Papier. Außerdem klingt Ihr Brief viel besser.*
sozusagen	
irgendwie	
regelrecht	
selbstredend	
insbesondere	
Genau genommen	
quasi	
echt	

3. Entrümpeln Sie Füllfloskeln und Scheinhöflichkeiten

So formuliert der scheinhöfliche Korrespondent	So schreiben Sie
Ihren geschätzten Brief vom 3. Mai haben wir dankend erhalten.	*Wie sollten Sie denn sonst antworten? Weg damit.*
... bitten wir Sie höflichst, uns Ihre Zeugnisse zuzusenden.	*Bitte schicken Sie uns Ihre Zeugnisse.*
... erhalten Sie die Unterlagen zu unserer Entlastung zurück.	*Sie erhalten Ihre Unterlagen zurück. Vielen Dank.*

3.15 Lösungshinweise zu den Übungen

4. Erkennen Sie Doppelmöppe

So formuliert der umständliche Korrespondent	So schreiben Sie
Alternativmöglichkeit	*Alternative, weitere Möglichkeit*
einsparen	*sparen*
auseinander dividieren	*dividieren, teilen, auseinander nehmen*
anbetreffen	*betreffen, angehen*
kann möglich sein	*kann sein, ist möglich*
Rückantwort	*Antwort*
Telefonanruf	*Anruf, Telefonat*
zusammenaddieren	*addieren, zusammen zählen*
mit einbeziehen	*einbeziehen*
Rückfrage	*Frage*

Übung 3.9:

So schreibt „Herr Nomen"	So schreiben Sie
Die Buchung des Zahlungseingangs über 250,00 € ist bei uns am 30. September erfolgt.	*Die 250,00 €,-- wurden bei uns am 30. September gebucht.*
Die Reparaturarbeiten an unserer Telefonanlage wurden am 1. Oktober durchgeführt.	*Unsere Telefonanlage wurde am 1. Oktober repariert.*
Der guten Ordnung halber bestätigen wir hiermit den Eingang Ihrer Unterlagen am 16. Oktober.	*Ihre Unterlagen sind bei uns am 16. Oktober eingetroffen.*
Die Genehmigung unseres Baugesuches durch das Landratsamt erfolgte am 24. August.	*Unser Baugesuch wurde am 24. August vom Landratsamt genehmigt.*
Die Ingangsetzung Ihres Fahrzeuges ist erfolgt. Wir stellen die folgenden Aufwendungen in Rechnung: ...	*Für die Reparatur Ihres Fahrzeuges berechnen wir: ...*

Bei der Bearbeitung Ihres Antrags ist es zu einer Verzögerung gekommen, weil die Einreichung Ihrer Unterlagen zu spät erfolgte.	*Ihr Antrag konnte nicht vorher bearbeitet werden, weil Sie Unterlagen verspätet eingereicht haben.*
Die Rückerstattung des überzahlten Beitrags bringen wir am 2. Oktober zur Buchung.	*Die überzahlten Beiträge überweisen wir am 2. Oktober.*
Die Zahlungsleistung erfolgte bereits am 22. August, wie Sie dem beigefügten Kontoauszug entnehmen wollen.	*Auf dem Kontoauszug sehen Sie, dass wir bereits am 22. August gezahlt haben.*
Die Entscheidungsfindung hat sich durch eine neue Problemstellung verkompliziert.	*Weil ein neues Problem aufgetaucht ist, wird es schwieriger, richtig zu entscheiden.*
Für den bedauerlichen Fehler unsererseits müssen wir Sie um Entschuldigung bitten.	*Bitte entschuldigen Sie unser Versehen.*

Übung 3.10:

So schreibt Frau Passiv	So schreiben Sie aktiv
Der Betrag in Höhe von 100,00 € ist an Sie überwiesen worden...	Wir haben die 100,00 € am Montag auf Ihr Konto überwiesen.
Uns ist durch das Straßenverkehrsamt mitgeteilt worden, dass ...	Das Straßenverkehrsamt hat uns mitgeteilt, dass ...
Der Antrag musste abgelehnt werden, weil die Frist zur Antragstellung abgelaufen war...	Ihren Antrag mussten wir ablehnen, weil die Frist abgelaufen war
Die Bestellung wurde weitergeleitet	Ihre Bestellung haben wir an XYZ weitergeleitet

Übung 3.11:

Die folgenden Sätze sind einem Brief aus der Praxis entnommen. Sie sind im Wir-Stil verfasst. Formulieren Sie die Satzinhalte im Sie-Stil.

3.15 Lösungshinweise zu den Übungen

So schreibt Herr Wir	So schreiben Sie kundenorientiert
Wir haben Ihre Anfrage wegen einer Schrankwand nach Maß erhalten.	*Vielen Dank für Ihre Anfrage nach einer Schrankwand nach Maß.*
Wir benötigen für die genaue Anfertigung der Schrankwand noch die detaillierten Maße. Wir wären froh, wenn wir einen detaillierten Plan des Büros bekommen könnten.	*Können Sie uns die detaillierten Maße der Wand oder einen Plan Ihres Büros zukommen lassen?*
Wir kommen aber auch gerne bei Ihnen vorbei um Maß zu nehmen. Dabei könnten wir mit Ihnen die weiteren Details (Farbe, Material, Fächeraufteilung etc.) besprechen.	*Natürlich besuchen wir Sie gerne, um direkt vor Ort Maß zu nehmen und Sie über mögliche Farben, Holzarten, Materialien und eine optimale Fächeraufteilung zu beraten.*
Wir versprechen Ihnen absolute Qualitätsarbeit zu fairen Preisen und wir halten die versprochenen Liefertermine stets ein.	*Sie erhalten von uns absolute Qualitätsarbeit zu fairen Preisen und Sie können sich darauf verlassen, dass wir die Liefertermine stets einhalten.*
Wir danken für das Vertrauen in unsere Firma und versichern, dass wir alles tun um es zu rechtfertigen.	*Vielen Dank für Ihr Vertrauen. Sie können sicher sein, dass wir alles tun, damit Sie zufrieden sind.*

Übung 3.12:

So schreibt Herr Ausrufezeichen	So schreiben Sie kundenorientiert
Sehr geehrter Herr Müller!	*Sehr geehrter Herr Müller,*
Ihr Vorschlag bezüglich des Ausgleichs des entstandenen Schadens missfällt uns!	*mit Ihrem Vorschlag zum Ausgleich des Schadens sind wir nicht einverstanden.*
Vollzähliges Erscheinen zu dieser Veranstaltung ist angeordnet!	*Wir freuen uns, wenn Sie an dieser wichtigen Veranstaltung teilnehmen.*
Wenn Sie in diesem Jahr noch einen Termin haben wollen, dann am 21. Dezember um 14:00 Uhr!	*Sollte unser Termin noch in diesem Jahr stattfinden, biete ich Ihnen den 21. Dezember, 14:00 Uhr an.*

Übung 3.13:

1. Liebe Grüße aus A-Stadt
2. Viele Grüße aus dem sommerlichen A-Stadt
3. Herbstliche Grüße aus A-Stadt
4. Schöne Grüße aus dem verschneiten A-Stadt
5. Ein freundlicher Gruß nach B-Stadt

4. Todsünden der Kommunikation von A – Z

	So nicht	Grund
A	Abkürzungen	Abkürzungen dienen dazu, das Leben einfacher zu machen. Bekannte Abkürzungen sparen Zeit. Verwenden Sie niemals Abkürzungen, die der Korrespondenzpartner nicht kennen muss. Er versteht sonst nicht, was Sie wollen und muss Zeit investieren, die Abkürzung zu enträtseln.
	Altertümliche Anrede „Sehr verehrte Frau ..."	So schrieb man lange vor der Jahrhundertwende. Heute schreibt man: Sehr geehrte Frau...
	Ansprechpartner fehlt	An wen soll sich der Empfänger des Briefes wenden, wenn Ihr Name nirgends steht und die Unterschrift unleserlich ist? Schaffen Sie eine Beziehung. Nennen Sie Ihren Namen, auch den Vornamen – oder schämen Sie sich dafür?
	Ausrufezeichen!	Wenn Sie nicht jemandem ausdrücklich auf den Schlips treten wollen, vergessen Sie das Ausrufezeichen. Es kommt nicht gut an. Niemand lässt sich gerne etwas BEFEHLEN!.
	Aussagelose Bezugszeile	Sie verschwenden die Zeit des Lesers, weil er erst den Brief durchlesen muss, bevor er weiß, worum es geht.
B	Bandwurmsätze	„Hiermit teilen wir Ihnen, wie bereits am 25. Mai mit Herrn Müller telefonisch besprochen mit, dass in der Angelegenheit bezüglich Ihres Antrags, den Sie am 3. April gestellt hatten und den wir zuständigkeitshalber an die mit Baufragen beauftragte Stelle im Landratsamt, weitergeleitet haben, bisher noch kein Entscheid gefällt werden konnte, weil die Gutachten, welche durch den TÜV erstellt werden müssen, bisher bei uns, trotz mehrmaliger Nachfrage, noch nicht vollzählig vorliegen." – Na, ist Ihnen auch die Puste ausgegangen? Also: vermeiden Sie solche Bandwurmsätze.
	Behördendeutsch	Möchten Sie, dass der Amtsschimmel aus Ihrer Korrespondenz wiehert?
	Belehrungen	Niemand lässt sich gerne belehren. Vermeiden Sie Sätze, die den „gehobenen Zeigefinger" verwenden.

	Blähfloskeln	Sie sind wie Verpackungsmüll. Sie kosten Zeit, Geld und Nerven.
D	Doppelmöppe (Tautologien)	Sie sorgen für unbeabsichtigte Heiterkeit, wenn Sie Telefonanrufe, Rückfragen und ähnliche Begriffe verwenden. Wo bleibt die Logik?
E	Englische Modewörter	Viele Korrespondenten halten sich für „mega in", wenn sie statt eines verständlichen deutschen Wortes ein modisches englisches oder amerikanisches verwenden. Meist sind solche Modeausdrücke schwammig und nicht so treffend, wie das entsprechende deutsche Wort – und wer weiß, vielleicht versteht Ihr Korrespondenzpartner kein Englisch? Gute Korrespondenz verzichtet auf modischen Schnick Schnack.
F	Fachausdrücke	Sie wollen verstanden werden. Ihr Korrespondenzpartner kennt sich mit Fachausdrücken wahrscheinlich nicht so gut aus, wie Sie. Vermeiden Sie deshalb Fachausdrücke.
	Floskeln	Alles, was den Text aufbläht ohne den Inhalt zu präzisieren oder die Verständlichkeit zu erhöhen gehört nicht in den Text.
G	Gereizte Sprache	Es tut gut, Frust abzulassen. Ob es zu einem Ergebnis führt? In den meisten Fällen nicht. Bleiben Sie sachlich. Beschimpfungen in der Korrespondenz tun Ihnen früher oder später leid. Dann kann es zu spät sein.
H	Höflich bitten	siehe Tautologien und Scheinhöflichkeiten
I	Ironie	„Ironie kommt nie", heißt ein altes Sprichwort. Sie haben in der Korrespondenz keine Möglichkeit, das Augenzwinkern zu zeigen, das auf Ironie hindeutet. Was Sie schreiben, wird für bare Münze gehalten. Vermeiden Sie deshalb Ironie in Ihrer Korrespondenz.
J	..., jedoch haben Sie	Vermeiden Sie jedoch und aber, beides sind Reizwörter.
K	Können wir nicht...	... können wir Ihnen am 3. Mai leider noch nicht liefern... – Formulieren Sie es positiv: ... können wir Ihnen ab Mitte Mai liefern.
L	Leider müssen wir ...	Leider müssen wir Ihnen – Bedauern Sie es aufrichtig? Müssen Sie wirklich? Wer zwingt Sie dazu? Verwenden Sie „leider" nur dann, wenn Sie etwas wirklich bedauern.
	Leidensform	Siehe Passiv

4. Todsünden der Kommunikation von A – Z

M	Müssen	Weder Sie müssen, noch muss Ihr Kunde. Vermeiden Sie das Wort „müssen" In der Korrespondenz.
N	Nein	Sagen Sie immer, was möglich ist. Es hilft dem Korrespondenzpartner nicht weiter, wenn Sie ihm erklären, was alles nicht geht. Vermeiden Sie „Nein".
	Nomen	Mit Verben schreiben Sie aktiv und lebendig. Nomen versteinern Ihren Briefstil.
O	Oberflächlichkeit	Wenn man Sie ernst nehmen soll, sollten Sie auch andere ernst nehmen und keine Leichtsinnsfehler machen (Name falsch geschrieben, falsches Datum, ...).
P	Passiv	Passivsätze sind menschenleer. Es gibt kein ich, kein Sie und kein wir. In Ihrem Unternehmen arbeiten Menschen. Das darf der Leser ruhig wissen.
R	Rechtschreibfehler	Seit es automatische Korrekturprogramme gibt, sollte das kein Thema mehr sein. Wenn doch, vermitteln Sie den Eindruck, nicht sorgfältig gearbeitet zu haben.
S	Schachtelsätze	Wenn man einen Satz dreimal lesen muss, bis man seinen Inhalt verstanden hat, dann ist er eindeutig zu lang und zu umständlich formuliert. Sie sprechen nicht in Schachtelsätzen. Deshalb sollten Sie auch nicht in Schachtelsätzen schreiben.
	Scheinhöflichkeiten	„... möchten wir Sie höflich bitten ..." Erstens: wer bittet, ist immer höflich; zweitens: warum tun Sie es nicht, wenn Sie es möchten? Höflichkeit in der Korrespondenz bedeutet Klarheit und Kürze.
T	Tautologien	Siehe Doppelmöppe;
U	... und verbleiben mit freundlichen...	Mit diesem Schluss disqualifizieren Sie jeden Brief. Verbleiben Sie, wo Sie wollen – aber schreiben Sie es nie in Ihrer Korrespondenz.
	Unterwürfigkeit	„Hochverehrter Herr XY", „untertänigsten Dank", „mit vorzüglicher Hochachtung"... so schrieb man im 19. Jahrhundert.
	Unnötige Wiederholungen	„ich komme zurück auf unser Telefonat und teile Ihnen mit ...
W	Wir-Stil	Der Kunde steht im Mittelpunkt. Wir-Stil klingt nach Nabelschau.
Z	Zeigefinger	Belehrungen und erhobene Zeigefinger haben in der partnerschaftlichen Korrespondenz nichts zu suchen.

5. Vom Gedanken zum Brief

5.1 Grundsätzliches

Die Überschrift „vom Gedanken zum Brief" legt die Reihenfolge schon fest. Bevor Sie einen Brief verfassen, sollten Sie sich zuerst Gedanken machen. Ist der Brief das beste Mittel? Häufig erreichen Sie Ihr Ziel schneller, wenn Sie zum Telefonhörer greifen. Schneller und preiswerter als ein Brief ist häufig auch eine E-Mail. Sie haben sich für die schriftliche Korrespondenz entschieden? Gut, dann kommt Schritt zwei:

5.2 Legen Sie das Ziel fest

Welches Ziel wollen Sie mit dem Brief (oder der E-Mail) erreichen? Mit anderen Worten: Was soll der Empfänger Ihres Briefes tun, wenn er den Brief gelesen hat? Vielleicht klingt dieser Schritt für Sie selbstverständlich. In der Praxis gibt es eine Vielzahl von Geschäftsbriefen, bei denen man sich fragt, warum sie überhaupt geschrieben wurden.

5.3 Versetzen Sie sich in die Lage des Empfängers

Welche Informationen hat der Empfänger des Briefes? Welche zusätzlichen Informationen benötigt er von Ihnen, um das zu tun, was Sie von ihm verlangen? Woher erhält er die zusätzlichen Informationen? Aus dem Brief? Aus Prospekten, die Sie ihm mit dem Brief schicken? ... Ihr Korrespondenzpartner ist Ihr Kunde. Wenn Sie kundenorientiert korrespondieren, überlegen Sie sich vor jedem Brief, was Ihr Kunde von Ihnen erwartet. Beachten Sie Maslows Bedürfnispyramide (siehe Punkt 3.5). Vielleicht hilft es Ihnen, wenn Sie sich Notizen machen, bevor Sie den Brief verfassen.

5.4 Formulieren Sie den Brief

Das Ziel ist klar, Sie haben genaue Vorstellungen, was der Kunde von Ihnen erwartet und sie wissen, welche Informationen er haben müsste und welche zusätzlichen Informationen Sie ihm geben müssen. Jetzt fassen Sie Ihre Gedanken in Worte.

Denken Sie dabei bitte auch an die vier Botschaften einer Nachricht:
- den Sachinhalt
- die Beziehungsbotschaft
- den Appell und die
- Selbstkundgabe.

Ihr Brief enthält alle vier Botschaften. Der Empfänger bestimmt das Auge, mit dem er den Brief liest. Und er hat keine unmittelbare Möglichkeit, Sie zu fragen, wie Sie einen bestimmten Satz „meinen". Sie haben keine Möglichkeit, die unmittelbare Reaktion des Empfängers mitzuerleben. Das bedeutet, Sie können nicht klärend eingreifen, wenn der Empfänger Ihren Brief liest. Deshalb ist es wichtig, dass Sie sich sachlich klar und in der Form freundlich ausdrücken. Teilen Sie dem Empfänger eindeutig mit, was er tun soll. Versteckte Appelle, die nur zwischen den Zeilen erkennbar sind, werden nicht von allen Menschen verstanden. Achten Sie auf die Gefühle. Sie wissen, wie leicht ein böses Wort die Atmosphäre vergiftet.

Unter Punkt 2.3 hatten wir besprochen, dass Menschen ihre Umwelt filtern und dabei die spezifischen Denkgewohnheiten eine Rolle spielen. Wenn Sie nicht wissen, welche bevorzugten Denkpräferenzen Ihr Korrespondenzpartner hat, dann ist es sinnvoll, Sie erläutern Ihr Anliegen in Worten, die alle Denkpräferenzen ansprechen.

5.5 Lesen Sie den Brief noch einmal durch

Sie wissen ja, jeder Brief ist eine Visitenkarte. Deshalb lohnt es sich auf jeden Fall, den Brief noch einmal durchzulesen. Stimmt der Briefinhalt mit dem Ziel überein? Können Sie davon ausgehen, dass der Empfänger weiß, was er tun soll? Haben Sie verständlich formuliert? Sind Sie sicher, dass Sie keine Fachausdrücke verwendet haben, die der Empfänger vielleicht nicht kennt? Ist der Aufbau des Briefes logisch? Ist der Brief fehlerfrei? Nutzen Sie das automatische Korrekturprogramm Ihres Rechners..

Wenn Sie sich unsicher fühlen, bitten Sie eine Kollegin oder einen Kollegen, den Brief zu lesen und ihre Meinung dazu abzugeben. Gute Briefe sind eine Übungssache. Je mehr Briefe Sie bewusst geschrieben haben, desto sicherer werden Sie.

5.6 Zusammenfassung

Jeder Brief hat ein Ziel. Sie wollen den Empfänger veranlassen, etwas zu tun oder etwas zu unterlassen. Versetzen Sie sich vor dem Schreiben in die Lage des Empfängers. Denken Sie beim Schreiben an die vier Botschaften, die in jeder Nachricht enthalten sind. Beachten Sie die Filter, die aus den unterschiedlichen Denkgewohnheiten entstehen und berücksichtigen Sie die Filter bei Ihrer Wortwahl. Lesen Sie den fertigen Brief durch und überlegen Sie, ob Sie mit diesem Brief Ihr Ziel erreichen können.

6. Lernen an Praxisbeispielen

6.1 Ziele dieses Kapitels

Wenn Sie professionell korrespondieren wollen, dann brauchen Sie Übung. Die Analyse von Briefen aus der Praxis hilft Ihnen, den Blick für Positives und Negatives zu schärfen. Aus Fehlern kann man lernen; auch aus den Fehlern, die andere gemacht haben. Wenn Sie die folgenden Briefe lesen und die Fragen bearbeiten, lernen Sie auf eine effektive Art die Kunst der professionellen Korrespondenz. Bei der Analyse der Briefbeispiele konzentrieren wir uns auf deren Inhalt. Für die Form verweisen wir auf die einschlägige Fachliteratur zu den DIN-Vorschriften.

6.2 Vorgehensweise bei der Analyse

Bei der Analyse der folgenden Briefe arbeiten wir nach einem einheitlichen Schema. Lesen Sie sich zunächst die jeweiligen Praxisbeispiele durch. Lassen Sie dann den jeweiligen Brief als Ganzes auf sich wirken. Überlegen Sie, welche Gefühle er bei Ihnen auslöste, wenn Sie der Empfänger wären. Betrachten Sie den Inhalt dann detailliert und bearbeiten Sie die Aufgaben zum Thema; sie gehen in manchen Fällen über das Briefbeispiel hinaus und runden so das Thema ab. Verfassen Sie schließlich den Brief neu, in einem modernen Mitteilungsstil.

Lösungshinweise zu den Aufgaben finden Sie jeweils im Anschluss an die Aufgaben. Ein Beispiel, wie man den Brief modern schreiben könnte finden Sie im A – Z der Musterbriefe.

6.3 Praxisbeispiele von A – Z

6.3.1 Anfrage

Textilfachgeschäft Bolanz, Postfach 99, 33455 Hastadt

Textilwerke Weißkopf
Weißkopfstr. 2 - 9

23456 Bestadt

Anfrage auf Empfehlung von Herrn Hornmann, Fa. Hornmann und Söhne, wegen Tisch- und Bettwäsche

Sehr geehrte Damen und Herren,

von Herrn Hornmann, Fa. Hornmann und Söhne, haben wir erfahren, dass Sie auch qualitativ hochwertige Tisch- und Bettwäsche in Ihrem Produktionsprogramm haben.

Anfang August eröffnet in Hastadt das Stadthotel. Wir haben die Ehre, es mit Tisch- und Bettwäsche ausstatten zu dürfen. Es versteht sich von selbst, dass dafür nur erstklassige Ware infrage kommt.

Deshalb bitten wir Sie, uns ein ausführliches Angebot mit Angabe der Preise und Lieferbedingungen zu machen. Neben den Nettopreisen ist die Mehrwertsteuer gesondert auszuweisen.

Damit wir die Ware beurteilen können, sind uns auch Stoffmuster erwünscht.

Als Referenz für etwaige Auskünfte Ihrerseits nennen wir unsere Hausbank, die ABC Bank Hastadt.

Mit bester Empfehlung

Textilfachgeschäft Bolanz
- Einkauf -

Hermine Bolanz

Hermine Bolanz

6.3 Praxisbeispiele von A – Z

Aufgaben:

Lesen Sie den Brief auf Seite 52 aufmerksam durch und lösen Sie dann die folgenden Aufgaben:

1. Welche Ziele will die Verfasserin mit dem Brief erreichen?

2. Wie beurteilen Sie die folgenden Sätze bzw. Formulierungen?

Formulierung	Meine Beurteilung
Anfrage auf Empfehlung von Herrn Hornmann, Fa. Hornmann und Söhne, wegen Tisch- und Bettwäsche	
von Herrn Hornmann, Fa. Hornmann und Söhne, haben wir erfahren,	
dass Sie auch qualitativ hochwertige Tisch- und Bettwäsche in Ihrem Produktionsprogramm haben.	
Anfang August eröffnet in Hastadt das Stadthotel. Wir haben die Ehre, es mit Tisch- und Bettwäsche ausstatten zu dürfen.	
Es versteht sich von selbst, dass dafür nur erstklassige Ware infrage kommt.	
Deshalb bitten wir Sie, uns ein ausführliches Angebot mit Angabe der Preise und Lieferbedingungen zu machen.	
Neben den Nettopreisen ist die Mehrwertsteuer gesondert auszuweisen.	
Damit wir die Ware beurteilen können, sind uns auch Stoffmuster erwünscht.	
Als Referenz für etwaige Auskünfte Ihrerseits nennen wir unsere Hausbank, die ABC Bank Hastadt.	
Mit bester Empfehlung	

3. Welchen Eindruck gewinnen Sie aufgrund des Briefes vom Textilfachgeschäft Hermine Bolanz?

4. Übersetzen Sie die folgenden Sätze in ein modernes Deutsch

So schreibt Frau Bolanz	So formulieren Sie es zeitgemäß
Anfrage auf Empfehlung von Herrn Hornmann, Fa. Hornmann und Söhne, wegen Tisch- und Bettwäsche	
von Herrn Hornmann, Fa. Hornmann und Söhne, haben wir erfahren, dass Sie auch qualitativ hochwertige Tisch- und Bettwäsche in Ihrem Produktionsprogramm haben	
Anfang August eröffnet in Hastadt das Stadthotel. Wir haben die Ehre, es mit Tisch- und Bettwäsche ausstatten zu dürfen. Es versteht sich von selbst, dass dafür nur erstklassige Ware infrage kommt.	
Deshalb bitten wir Sie, uns ein ausführliches Angebot mit Angabe der Preise und Lieferbedingungen zu machen.	
Neben den Nettopreisen ist die Mehrwertsteuer gesondert auszuweisen.	
Als Referenz für etwaige Auskünfte Ihrerseits nennen wir unsere Hausbank, die ABC Bank Hastadt.	
Mit bester Empfehlung	

5. Formulieren Sie den Brief neu damit er „ankommt".

Lösungshinweise:

1. Sie will ein konkretes Angebot für qualitativ hochwertige Tisch- und Bettwäsche von den Textilwerken Weißkopf erhalten.

6.3 Praxisbeispiele von A – Z

2.

Formulierung	Meine Beurteilung
Anfrage auf Empfehlung von Herrn Hornmann, Fa. Hornmann und Söhne, wegen Tisch- und Bettwäsche	Vollständig, der Leser sieht sofort, worum es geht – dennoch etwas umständlich, wobei schwer zu beurteilen ist, welches Verhältnis zwischen den Textilwerken Weißkopf und Firma Hornmann und Söhne besteht.
von Herrn Hornmann, Fa. Hornmann und Söhne, haben wir erfahren,	Doppelt hält besser? Ist es so interessant für die Textilwerke Weißkopf, woher ihr neuer potenzieller Kunde seine Empfehlung hat, dass es gleich zweimal im Brief stehen muss? Als potenzieller Kunde muss ich mich eigentlich nicht „rechtfertigen", weshalb ich etwas bestellen will und woher ich die Adresse des Lieferanten habe. Weg damit.
dass Sie auch qualitativ hochwertige Tisch- und Bettwäsche in Ihrem Produktionsprogramm haben.	„auch" qualitativ hochwertige... ansonsten qualitativ minderwertige?
Anfang August eröffnet in Hastadt das Stadthotel. Wir haben die Ehre, es mit Tisch- und Bettwäsche ausstatten zu dürfen.	Interessant, dass sie „die Ehre haben", es „ausstatten zu dürfen". Altertümliche Formulierung. Ist das ein Hinweis auf die Art der Ausstattung? Ansonsten Ballast.
Es versteht sich von selbst, dass dafür nur erstklassige Ware infrage kommt.	Etwas, was sich von selbst versteht, muss nicht extra geschrieben werden. Ballast.
Deshalb bitten wir Sie, uns ein ausführliches Angebot mit Angabe der Preise und Lieferbedingungen zu machen.	Ihr Wunsch in Gottes Ohr. Aber teilen Sie doch bitte mit, wie viel Tisch- und Bettwäsche Sie benötigen und an welche Qualitäten Sie gedacht haben, wenn Sie ein ausführliches Angebot wollen.
Neben den Nettopreisen ist die Mehrwertsteuer gesondert auszuweisen.	Das dürfte in der heutigen Zeit jedem Kaufmann klar sein. Ihnen nicht? Ballast.
Damit wir die Ware beurteilen können, sind uns auch Stoffmuster erwünscht.	„sind uns auch Stoffmuster erwünscht"? Deutsche Sprache schwere Sprache...
Als Referenz für etwaige Auskünfte Ihrerseits nennen wir unsere Hausbank, die ABC Bank Hastadt.	„... etwaige Auskünfte Ihrerseits..." – hoffentlich verkaufen die besser, als sie schreiben. Das weiß vielleicht die Referenz.
Mit bester Empfehlung	Von wem? Von Hornmann und Söhne? Das letzte (oder vorletzte) Jahrhundert lassen grüßen.

3. Alt eingesessenes, stockkonservatives Haus. Hoffentlich haben wir noch genügend Ladenhüter, die wir hier bestimmt absetzen können.

4.

So schreibt Frau Bolanz	So formulieren Sie es zeitgemäß
Anfrage auf Empfehlung von Herrn Hornmann, Fa. Hornmann und Söhne, wegen Tisch- und Bettwäsche	Anfrage wegen Tisch- und Bettwäsche für Hotel
von Herrn Hornmann, Fa. Hornmann und Söhne, haben wir erfahren, dass Sie auch qualitativ hochwertige Tisch- und Bettwäsche in Ihrem Produktionsprogramm haben	Sparen Sie sich und dem Leser solche Ballastsätze. Sie schreiben einen Geschäftsbrief und keinen Schüleraufsatz, der eine „geeignete Einleitung" benötigt. Kommen Sie zur Sache.
Anfang August eröffnet in Hastadt das Stadthotel. Wir haben die Ehre, es mit Tisch- und Bettwäsche ausstatten zu dürfen. Es versteht sich von selbst, dass dafür nur erstklassige Ware infrage kommt.	Für die Einrichtung eines Hotels mit 40 Betten und einem Restaurantbetrieb mit 30 Sitzplätzen benötigen wir: 200 Garnituren für Betten der Maße 100 x 200 cm 40 Garnituren für Betten der Maße 200 x 220 cm Tischwäsche für ein Restaurant mit 30 Sitzplätzen. Alles in bester Hotelqualität.
Deshalb bitten wir Sie, uns ein ausführliches Angebot mit Angabe der Preise und Lieferbedingungen zu machen.	Bitte schicken Sie uns Ihr Angebot mit Stoffproben in verschiedenen Farben bis zum 25. Februar.
Neben den Nettopreisen ist die Mehrwertsteuer gesondert auszuweisen.	Unter Kaufleuten ist der Nettopreis üblich. Die Höhe der Mehrwertsteuer ist bekannt. Deshalb erübrigt sich dieser Satz.
Als Referenz für etwaige Auskünfte Ihrerseits nennen wir unsere Hausbank, die ABC Bank Hastadt.	Die Textilwerke Weißkopf sind bestimmt froh, wenn sie einen neuen Kunden gewinnen. Eine Auskunft im Vorfeld der Bestellung erachte ich für überflüssig.
Mit bester Empfehlung	Mit freundlichen Grüßen

Formulieren Sie den Brief neu damit er „ankommt".
Siehe Seite 143.

6.3.2 Angebot

Elchinger GmbH, Postfach 25 24680 Neustadt

Uhren Bühler
Marktplatz 27

24698 Eichwalden

Unser Angebot an Uhren

Sehr geehrter Herr Bühler,

Ihrer geschätzten Anfrage vom 10. August haben wir gern entnommen, dass Sie sich - wie übrigens tagtäglich eine Menge Interessenten - für unsere Markenartikel im Uhrenbereich interessieren. Wunschgemäß übersenden wir Ihnen hiermit in der Anlage unseren aktuellen, bunt illustrierten Katalog mit der derzeit gültigen Preisliste.

Die aktuellen Modelle unserer Kollektion sind im Katalog besonders herausgestellt. Sicherlich haben Sie auch schon gemerkt, dass der Trend zurück zu den mechanischen Uhren mit aufwändig gearbeitetem Federzug-Werk geht.

Die Modelle 1 - 20 können wir Ihnen sofort liefern, wenn Sie gleich bestellen. Alle anderen Modelle haben vier Wochen Lieferzeit. Die Lieferbedingungen wollen Sie bitte freundlicherweise der oben aufgeführten Preisliste entnehmen.

Bei den gemachten Preisangaben handelt es sich um Netto-Preise, zu denen Sie die jeweils gültige gesetzliche Umsatzsteuer bitte dazu rechnen wollen. Bei der Bezahlung kommen wir Ihnen entgegen, indem wir Ihnen ein Zahlungsziel von 60 Tagen gewähren.

Sie dürfen selbstverständlich überzeugt sein, dass wir Ihren geschätzten Auftrag mit größter Sorgfalt ausführen werden.

Mit freundlichen Grüßen
Elchinger GmbH
Kundenbetreuung

i. V. *Waldemar Plönzke*

Aufgaben:

Lesen Sie den Brief auf Seite 57 aufmerksam durch. Beantworten Sie dann die folgenden Fragen:

1. Was möchte der Verfasser erreichen?
2. Welche Worte sind dazu notwendig, welche Worte empfinden Sie als Ballast?
3. Prüfen Sie die einzelnen Abschnitte nach der Drei-Fragen-Methode:

    Frage 1: Entspricht das was ich geschrieben habe, dem, was ich denke?
    Frage 2: Hat der Empfänger des Briefes von meinen Worten einen Nutzen?
    Frage 3: Würde ich mich am Telefon auch so ausdrücken?

    und notieren Sie das Ergebnis.

4. Welche Wirkung hätten diese Formulierungen auf Sie als Briefempfänger?

	Formulierung	So denkt der Empfänger
1	Ihrer geschätzten Anfrage vom 10. August haben wir gern entnommen, dass Sie sich – wie übrigens tagtäglich eine Menge Interessenten – für unsere Markenartikel im Uhrenbereich interessieren	
2	übersenden wir Ihnen hiermit in der Anlage unseren aktuellen, bunt illustrierten Katalog mit der derzeit gültigen Preisliste.	
3	Sicherlich haben Sie auch schon gemerkt, dass der Trend zurück zu den mechanischen Uhren mit aufwändig gearbeitetem Federzug-Werk geht.	
4	Die Lieferbedingungen wollen Sie bitte freundlicherweise der oben aufgeführten Preisliste entnehmen.	
5	Bei den gemachten Preisangaben handelt es sich um Netto-Preise, zu denen Sie die jeweils gültige gesetzliche Umsatzsteuer bitte dazu rechnen wollen.	

6.3 Praxisbeispiele von A – Z 59

6	Bei der Bezahlung kommen wir Ihnen entgegen, indem wir Ihnen ein Zahlungsziel von 60 Tagen gewähren.	
7	Sie dürfen selbstverständlich überzeugt sein, dass wir Ihren geschätzten Auftrag mit größter Sorgfalt ausführen werden.	

5. Schreiben Sie den Brief neu, damit er ankommt.

Lösungshinweise:

1. Er will den potenziellen Kunden, Herrn Bühler, für sein Sortiment interessieren.

2. Aus meiner Sicht sind die fettgedruckten Wörter des Briefes notwendig. Die anderen Wörter halte ich für reinen Ballast, also für Phrasen, die nur Zeit kosten:

„Ihrer geschätzten Anfrage vom 10. August haben wir gern entnommen, dass Sie sich – wie übrigens tagtäglich eine Menge Interessenten – für unsere Markenartikel im Uhrenbereich interessieren. **Wunschgemäß übersenden wir Ihnen** hiermit in der Anlage **unseren aktuellen**, bunt illustrierten **Katalog mit der** derzeit gültigen **Preisliste**.

Die aktuellen Modelle unserer Kollektion sind im Katalog besonders herausgestellt. Sicherlich haben Sie auch schon gemerkt, dass der Trend zurück zu den mechanischen Uhren mit aufwändig gearbeitetem Federzug-Werk geht. Die **Modelle 1 – 20 können wir Ihnen sofort liefern**, wenn Sie gleich bestellen. **Alle anderen Modelle haben vier Wochen Lieferzeit.** Die **Lieferbedingungen** wollen Sie **bitte** freundlicherweise der oben aufgeführten **Preisliste entnehmen.** Bei den gemachten Preisangaben handelt es sich um **Netto-Preise,** zu denen Sie die jeweils gültige gesetzliche Umsatzsteuer bitte dazu rechnen wollen. Bei der Bezahlung kommen wir Ihnen entgegen, indem wir Ihnen ein **Zahlungsziel** von **60 Tagen** gewähren. Sie dürfen selbstverständlich überzeugt sein, dass wir Ihren geschätzten Auftrag mit grösster Sorgfalt ausführen werden.

Mit freundlichen Grüßen
Elchinger GmbH
- Verkauf

3. Die folgenden Ergebnisse beziehen sich auf die Tabelle zu Frage 4.

(1) So (geschwollen) würde ich mich am Telefon nie ausdrücken. Der Satz „wie übrigens tagtäglich eine Menge..." bringt dem Leser keinen nutzen.

(2) Auch diese Worte kämen mir am Telefon nicht über die Lippen.

(3) Der Empfänger kann diese Information als Belehrung auffassen und das Gefühl haben, der Verfasser nimmt ihn nicht ernst. Dann haben die Worte für ihn keinen Nutzen.

(4) Am Telefon käme ich nie auf die Idee, so zu sprechen.

(5) Auch hier ist die Gefahr groß, dass der Empfänger sich belehrt fühlt und denkt, ich nehme ihn nicht ernst.

(6) Denke ich wirklich so? Habe ich das Gefühl, ich „gewähre" etwas?

(7) Wo liegt in diesem Satz der Nutzen für den Empfänger?

4.

	Formulierung	So denkt der Empfänger
1	Ihrer geschätzten Anfrage vom 10. August haben wir gern entnommen, dass Sie sich – wie übrigens tagtäglich eine Menge Interessenten – für unsere Markenartikel im Uhrenbereich interessieren.	Das ist wirklich dick aufgetragen. Ihrer Anfrage hätte durchaus genügt. Was ist denn „geschätzt" daran? Man hätte gern auf den ganzen Satz verzichten können. „wie übrigens tagtäglich eine Menge Interessenten" Muss ich als Empfänger das wissen? Oder ist es eine versteckte Selbst-Beweihräucherung des Verfassers? „Markenartikel im Uhrenbereich" hätte Uhren oder zumindest Markenuhren nicht genügt?
2	übersenden wir Ihnen hiermit in der Anlage unseren aktuellen, bunt illustrierten Katalog mit der derzeit gültigen Preisliste..	in welcher „Anlage" denn? (Grünanlage, Sportanlage...) ich erwarte als Kunde natürlich den aktuellen Katalog. Was soll ich mit einem nicht aktuellen denn anfangen? Und dass Kataloge bunt illustriert sind, liegt in der Natur der Sache. Eine Preisliste sollte natürlich gültig sein, wozu bräuchte ich als Kunde sie sonst?
3	Sicherlich haben Sie auch schon gemerkt, dass der Trend zurück zu den mechanischen Uhren mit aufwändig gearbeitetem Federzug-Werk geht.	Danke für den Tipp. Aber mich als Kenner der Branche brauchen Sie nicht zu belehren. Ich weiß Bescheid. Oder halten Sie mich für zu dumm?
4	Die Lieferbedingungen wollen Sie bitte freundlicherweise der oben aufgeführten Preisliste entnehmen.	Woher wissen Sie, dass ich das will? Und wieso soll ich es freundlicherweise tun? Das klingt alles reichlich geschwollen. Handelt es sich tatsächlich um ein kompetentes Unternehmen?

6.3 Praxisbeispiele von A – Z

5	Bei den gemachten Preisangaben handelt es sich um Netto-Preise, zu denen Sie die jeweils gültige gesetzliche Umsatzsteuer bitte dazu rechnen wollen.	Dass man zu Nettopreisen die Umsatzsteuer dazu rechnen muss, hat sich auch bei mir inzwischen herum gesprochen. (Mein Gott, wie schätzen die ihre Kunden denn ein?)
6	Bei der Bezahlung kommen wir Ihnen entgegen, indem wir Ihnen ein Zahlungsziel von 60 Tagen gewähren.	Das Zahlungsziel freut mich. 60 Tage sind branchenüblich und Teil der Verkaufskonditionen. Die Zeiten in welchen man sich als Kunde etwas „gewähren" ließ, sind längst vorbei. Heute erwarte ich eine Gesamtleistung. Stimmt sie, dann kaufe ich. Wenn nicht, dann lasse ich es.
7	Sie dürfen selbstverständlich überzeugt sein, dass wir Ihren geschätzten Auftrag mit größter Sorgfalt ausführen werden.	Danke. Aber das ist so selbstverständlich, dass es im Brief nicht erwähnt werden muss.

5. Siehe Seite 144.

6.3.3 Antwort auf Absage eines Bewerbers

Architekturbüro Klein, Postfach 11, 88554 Astadt

Herrn
Werner Moser
Eckstraße 41

09111 Bestadt

Betreff: Ihre Bewerbung vom 2003-06-16 in unserem Büro
Hier: diesbezüglich geführtes Telefonat mit Ihnen

Sehr geehrter Herr Moser,

wir kommen zurück sowohl auf Ihre oben genannte Bewerbung als auch das diesbezüglich geführte Telefonat zwischen Ihnen und unserem Herrn Obermeier hinsichtlich einer in Bestadt nicht mehr realisierbaren, jedoch in unserem Büro Efstadt jederzeit möglichen Stellenbesetzung mit Ihnen.

Nachdem Sie seit März 2002 arbeitssuchend sind und zwischenzeitlich scheinbar kein festes Anstellungsverhältnis hatten und andere, von Ihnen angepeilt gewesene Arbeitsstellen ebenfalls keinen Arbeitsvertrag brachten, waren wir eigentlich der Meinung, Ihnen, der Sie unsere Firma bereits kurz kennen lernen durften, eine enorme Brücke dahingehend zu bauen, als dass wir Ihnen eine sofortige Anstellung in unserem Büro in Efstadt angeboten hätten, da die Auswahl für das Büro in Bestadt bereits nachweisbar vor Eingang Ihrer oben genannten Bewerbung erfolgte und erfolgen musste.

Allerdings lehnen Sie dieses Angebot „großzügig" ab.

Dies ist uns, werter Herr Moser, absolut unverständlich.

Sicherlich ist auch Ihnen nicht verborgen geblieben, dass seit 2002-11-01 eine so genannte „Zumutbarkeitsklausel" bei der Zuweisung von Arbeitsplätzen und auch einer weiteren Zuteilung von Arbeitslosengeld existiert.

Aufgrund der von Ihnen neuerlich ausgesprochenen endgültigen Ablehnung einer Beschäftigung in unserem Büro in Efstadt, erhalten Sie Ihre oben genannten Bewerbungsunterlagen anbei zu unserer kompletten Entlastung vollumfänglich zurück und wir verbleiben

Hochachtungsvoll   Anlagen wie im Text

Karl Huber

6.3 Praxisbeispiele von A – Z

Aufgaben:

1. Welche Ziele will Herr Huber mit seinem Brief erreichen?

2. Nehmen Sie an, Sie waren der Empfänger des Briefes. Welche Reaktionen lösten dann die folgenden Formulierungen bei Ihnen aus?

So schreibt Herr Huber	Mögliche Gefühle beim Empfänger
Allerdings lehnen Sie das Angebot „großzügig" ab.	
Das ist uns, werter Herr Moser, absolut unverständlich.	
Sicherlich ist auch Ihnen nicht verborgen geblieben, dass ...	
... und wir verbleiben Hochachtungsvoll	

3. Könnten Sie sich vorstellen, dass Sie aufgrund dieses Briefes Ihre Entscheidung überdenken und die Stelle beim Architektenbüro Klein antreten?

4. Wie beurteilen Sie Effektivität und Effizienz des Briefes?

5. Formulieren Sie die folgenden Sätze effizient

So schreibt Herr Huber	So schreiben Sie effizient
wir kommen zurück sowohl auf Ihre oben genannte Bewerbung als auch das diesbezüglich geführte Telefonat zwischen Ihnen und unserem Herrn Obermeier hinsichtlich einer in Bestadt nicht mehr realisierbaren, jedoch in unserem Büro Efstadt jederzeit möglichen Stellenbesetzung mit Ihnen.	
Nachdem Sie seit März 2002 arbeitssuchend sind und zwischenzeitlich scheinbar kein festes Anstellungsverhältnis hatten und andere, von Ihnen angepeilt gewesene Arbeitsstellen ebenfalls keinen Arbeitsvertrag brachten, waren wir eigentlich der Meinung, Ihnen, der Sie unsere Firma	

bereits kurz kenne lernen durften, eine enorme Brücke dahingehend zu bauen, als dass wir Ihnen eine sofortige Anstellung in unserem Büro in Efstadt angeboten hätten, da die Auswahl für das Büro in Bestadt bereits nachweisbar vor Eingang Ihrer oben genannten Bewerbung erfolgte und erfolgen musste. Allerdings lehnen Sie dieses Angebot „großzügig" ab	
Dies ist uns, werter Herr Moser, absolut unverständlich.	
Sicherlich ist auch Ihnen nicht verborgen geblieben, dass seit 2002-11-01 eine so genannte „Zumutbarkeitsklausel" bei der Zuweisung von Arbeitsplätzen und auch einer weiteren Zuteilung von Arbeitslosengeld existiert.	
Aufgrund der von Ihnen neuerlich ausgesprochenen endgültigen Ablehnung einer Beschäftigung in unserem Büro in Efstadt, erhalten Sie Ihre oben genannten Bewerbungsunterlagen anbei zu unserer kompletten Entlastung vollumfänglich zurück und	
wir verbleiben Hochachtungsvoll	

6. Schreiben Sie den Brief an Herrn Moser in einem ansprechenden Stil neu.

Lösungshinweise

1. Erstens teilt er dem Empfänger, Herrn Moser, mit, dass er kein Verständnis dafür hat, dass dieser die Stelle in Efstadt nicht angenommen hat, obwohl er seit längerer Zeit arbeitssuchend ist.

   Zweitens schickt er ihm die Bewerbungsunterlagen zurück.

6.3 Praxisbeispiele von A – Z

2.

So schreibt Herr Huber	Mögliche Gefühle beim Empfänger
Allerdings lehnen Sie das Angebot „großzügig" ab.	Hier beurteilt/ verurteilt jemand meine persönliche Entscheidung, ohne die Hintergründe zu kennen.
Das ist uns, werter Herr Moser, absolut unverständlich.	Jetzt wird es förmlich. „werter Herr Moser" klingt wie eine unterschwellige Beleidigung. Das muss ich mir nicht gefallen lassen.
Sicherlich ist auch Ihnen nicht verborgen geblieben, dass ...	Natürlich ist es mir nicht verborgen geblieben. Ich bin doch schließlich kein Trottel.
... und wir verbleiben Hochachtungsvoll	Wer sich heute mit „Hochachtungsvoll" verabschiedet und nicht gerade mit militärischen Einrichtungen zu tun hat, meint damit genau das Gegenteil, nämlich persönliche Verachtung.

3. Ich persönlich könnte es mir nicht vorstellen. Wenn mich jemand so maßregelt und dabei unter die Gürtellinie geht, halte ich eine vertrauensvolle Zusammenarbeit für unwahrscheinlich. Ich bin überzeugt, dass auch Herr Huber das so sieht.

4.

Effektivität → die richtigen Dinge tun	Effizienz → die Dinge richtig tun
Es ist nicht effektiv, einem Bewerber, der sich gegen eine Stelle entschieden hat, nachzutrauern. Ein Brief, der dem Bewerber den Unmut über seine Entscheidung mitteilt, bringt das Unternehmen nicht weiter. Der Bewerber wird seine Entscheidung nach einer solchen „Strafpredigt" nicht ändern. Würde er es tun, wäre er wahrscheinlich dennoch nicht der geeignete Mitarbeiter. Deshalb war das Verfassen des Briefes keine effektive Tätigkeit. Geht man davon aus, dass Bewerber auch Kunden sind und über das Unternehmen, bei dem sie sich beworben hatten, sprechen, ist eine Beschimpfung im höchsten Maße ineffektiv und kann den eigenen Ruf schädigen.	Gehen wir einmal davon aus, der Brief an den Bewerber wäre grundsätzlich sinnvoll und betrachten hier, ob er effizient geschrieben wurde. Das würde bedeuten, mit möglichst wenig Worten „auf den Punkt" zu kommen. Die ersten beiden Absätze des Briefes zeigen, dass der Verfasser mit vielen Worten wenig Neues mitteilt. Im letzten Absatz schickt Herr Huber die „oben genannten Bewerbungsunterlagen anbei zu unserer kompletten Entlastung vollumfänglich zurück" - jeder weitere Kommentar wäre ineffizient...

5.

So schreibt Herr Huber	So schreiben Sie effizient
wir kommen zurück sowohl auf Ihre oben genannte Bewerbung als auch das diesbezüglich geführte Telefonat zwischen Ihnen und unserem Herrn Obermeier hinsichtlich einer in Bestadt nicht mehr realisierbaren, jedoch in unserem Büro Efstadt jederzeit möglichen Stellenbesetzung mit Ihnen.	*Dieser Satz ist absolut unnötig. Deshalb: weglassen.*
Nachdem Sie seit März 2002 arbeitssuchend sind und zwischenzeitlich scheinbar kein festes Anstellungsverhältnis hatten und andere, von Ihnen angepeilt gewesene Arbeitsstellen ebenfalls keinen Arbeitsvertrag brachten, waren wir eigentlich der Meinung, Ihnen, der Sie unsere Firma bereits kurz kenne lernen durften, eine enorme Brücke dahingehend zu bauen, als dass wir Ihnen eine sofortige Anstellung in unserem Büro in Efstadt angeboten hätten, da die Auswahl für das Büro in Bestadt bereits nachweisbar vor Eingang Ihrer oben genannten Bewerbung erfolgte und erfolgen musste. Allerdings lehnen Sie dieses Angebot „großzügig" ab	*Wir hätten Sie gerne als Mitarbeiter für unser Büro in Efstadt eingestellt. Schade, dass Sie sich anders entschieden haben.*
Dies ist uns, werter Herr Moser, absolut unverständlich.	*Wir akzeptieren Ihre Entscheidung (hier könnte man auch einfach nichts schreiben).*
Sicherlich ist auch Ihnen nicht verborgen geblieben, dass seit 2002-11-01 eine so genannte „Zumutbarkeitsklausel" bei der Zuweisung von Arbeitsplätzen und auch einer weiteren Zuteilung von Arbeitslosengeld existiert.	*Kunden oder Bewerber zu belehren ist absolut ineffizient und sinnlos. Deshalb lieber nichts schreiben.*
Aufgrund der von Ihnen neuerlich ausgesprochenen endgültigen Ablehnung einer Beschäftigung in unserem Büro in Efstadt, erhalten Sie Ihre oben genannten Bewerbungsunterlagen anbei zu unserer kompletten Entlastung vollumfänglich zurück und	*Sie erhalten Ihre Bewerbungsunterlagen zurück.*
wir verbleiben Hochachtungsvoll	*Mit freundlichen Grüßen*

6. Siehe Seite 145.

6.3.4 Antwort auf Anfrage

Meyer & Co, Postfach, 66554 Bestadt

Bankaus
Müller & Frey
Schlossallee 3

67764 Cestadt

Sonderanfertigung einer Schrankwand; wir danken für die Anfrage

Sehr geehrter Herr Müller,

wir haben Ihre Anfrage wegen einer Schrankwand nach Maß erhalten.

Wir freuen uns sehr, dass Sie uns die Gelegenheit geben, unsere Leistungsfähigkeit unter Beweis zu stellen.

Wir benötigen für die genaue Anfertigung der Schrankwand noch die detaillierten Maße. Wir wären froh, wenn wir einen detaillierten Plan des Büros bekommen könnten. Wir kommen aber auch gerne bei Ihnen vorbei um Maß zu nehmen. Dabei könnten wir mit Ihnen die weiteren Details (Farbe, Material, Fächeraufteilung etc.) besprechen.

Wir versprechen Ihnen absolute Qualitätsarbeit zu fairen Preisen und wir halten die versprochenen Liefertermine stets ein.

Wir danken für das Vertrauen in unsere Firma und versichern, dass wir alles tun um es zu rechtfertigen.

Mit freundlichen Grüßen

Meyer & Co
Einbaumöbel nach Maß

Erwin Meyer

Aufgaben:

1. Welche Ziele will Herr Meyer mit seinem Brief erreichen?

2. Nehmen wir an, man könnte die Kundenfreundlichkeit eines Briefes durch einen „Sie : Wir-Indikator" messen, indem man die Anzahl der „Wir" ins Verhältnis zur Anzahl der „Sie"-Nennungen setzt. Wie sähe der Indikator in diesem Brief aus? Interpretieren Sie das Ergebnis.

3. Wechseln Sie die Perspektive und drücken Sie die Formulierungen des Herrn Meyer kundenorientiert, im Sie Stil aus.

So schreibt Herr Meyer	So liest es sich besser
Wir haben Ihre Anfrage wegen einer Schrankwand nach Maß erhalten.	
Wir freuen uns sehr, dass Sie uns die Gelegenheit geben, unsere Leistungsfähigkeit unter Beweis zu stellen.	
Wir benötigen für die genaue Anfertigung der Schrankwand noch die detaillierten Maße. Wir wären froh, wenn wir einen detaillierten Plan des Büros bekommen könnten.	
Wir kommen aber auch gerne bei Ihnen vorbei um Maß zu nehmen. Dabei könnten wir mit Ihnen die weiteren Details (Farbe, Material, Fächeraufteilung etc.) besprechen.	
Wir versprechen Ihnen absolute Qualitätsarbeit zu fairen Preisen und wir halten die versprochenen Liefertermine stets ein.	
Wir danken für das Vertrauen in unsere Firma und versichern, dass wir alles tun um es zu rechtfertigen.	

4. Schreiben Sie den Brief an das Bankhaus Müller & Frey in einem ansprechenden Stil neu.

6.3 Praxisbeispiele von A – Z

Lösungshinweise

1. (1) Er will sich für die Anfrage bedanken
   (2) er will seine Leistungsfähigkeit dokumentieren
   (3) er will den Auftrag konkretisieren

2. Im Brief kommt 12 mal das Wort „wir" vor und einmal das Wort „Sie". Der Indikator hätte also den Wert 1/12. Das klingt schon sehr nach Nabelschau. In diesem Brief steht eindeutig nicht der Kunde im Mittelpunkt, sondern der Absender des Briefes. Auch wenn der Inhalt des Briefes „gut" gemeint ist, werden hier Sympathien verscherzt. Anmerkung: Ein Brief im Sie-Stil garantiert noch keine Kundenfreundlichkeit. Er liest sich für den Kunden aber viel besser, als ein Brief im Wir-Stil.

3.

So schreibt Herr Meyer	So liest es sich besser
Wir haben Ihre Anfrage wegen einer Schrankwand nach Maß erhalten.	*Vielen Dank für Ihre Anfrage nach einer maßgefertigten Schrankwand.*
Wir freuen uns sehr, dass Sie uns die Gelegenheit geben, unsere Leistungsfähigkeit unter Beweis zu stellen.	*Sie geben uns die Gelegenheit, unsere Leistungsfähigkeit unter Beweis zu stellen.*
Wir benötigen für die genaue Anfertigung der Schrankwand noch die detaillierten Maße. Wir wären froh, wenn wir einen detaillierten Plan des Büros bekommen könnten.	*Können Sie uns die detaillierten Maße der Wand oder einen Plan Ihres Büros zukommen lassen?*
Wir kommen aber auch gerne bei Ihnen vorbei um Maß zu nehmen. Dabei könnten wir mit Ihnen die weiteren Details (Farbe, Material, Fächeraufteilung etc.) besprechen.	*Natürlich besuchen wir Sie gerne, um direkt vor Ort Maß zu nehmen und Sie über mögliche Farben, Holzarten, Materialien und eine optimale Fächeraufteilung zu beraten.*
Wir versprechen Ihnen absolute Qualitätsarbeit zu fairen Preisen und wir halten die versprochenen Liefertermine stets ein.	*Sie erhalten von uns absolute Qualitätsarbeit zu fairen Preisen und Sie können sich darauf verlassen, dass wir die Liefertermine stets einhalten.*
Wir danken für das Vertrauen in unsere Firma und versichern, dass wir alles tun um es zu rechtfertigen.	*Vielen Dank für Ihr Vertrauen. Sie können sicher sein, dass wir alles tun, damit Sie zufrieden sind.*

4. Siehe Seite 146.

6.3.5 Antwort auf Bestellung

Ziebold AG Postfach 55433 Zehstadt

Albrecht Meyer KG
Papierverarbeitung
Im Leh 25

11223 Dedorf

Sortiermaschine

Sehr geehrte Herren,

wir danken Ihnen für Ihre Bestellung vom 6. Oktober über

eine Sortiermaschine

wie sie von Ihnen am 23. September besichtigt wurde. Wir werden die Maschine zum Preis von 8.700,00 € ab Werk – sonst bekannte Bedingungen gemäß unserem Angebot vom 29. August dieses Jahres – liefern. Wir machen darauf aufmerksam, dass sich der Preis für die Maschine rein netto versteht. Darauf kommen noch 16% Mehrwertsteuer.

Mit den übrigen Ausführungen in Ihrer Bestellung sind wir einverstanden. Die Maschine werden wir Ihnen in etwa 3 bis 4 Wochen liefern können. Sie wird, wie von Ihnen vorgeschrieben, für 220 Volt Wechselstrom ausgerüstet, wodurch ohne weiteres der Anschluss an Ihr normales Stromnetz möglich wird.

Wunschgemäß bestätigen wir Ihnen, dass wir für die Maschine die volle Garantie für die Dauer eines Jahres übernehmen. Das ist der Beweis für ein besonderes Entgegenkommen; gewöhnlich gehen wir eine solche Verpflichtung nicht ein.

Wir werden Ihre Bestellung gewissenhaft ausführen.

Mit bester Empfehlung
Maschinenfabrik Ziebold AG

Alfred Hötzel

ppa. Alfred Hötzel
Verkaufsleiter

6.3 Praxisbeispiele von A – Z 71

Aufgaben:

Lesen Sie den Brief auf Seite 70 aufmerksam durch und lösen Sie dann die folgenden Aufgaben:

1. Was ist das Ziel des Verfassers?

2. Welchen Eindruck haben Sie von der Ziebold AG gewonnen?

3. Wie wirkt der Brief insgesamt auf Sie (z.B. sachlich, belehrend, umständlich, altmodisch, frech...)? Welche Sätze sind dafür charakteristisch?

4. Stellen Sie sich vor, Sie seien der Empfänger des Briefes. Welche Gefühle löste dieser Brief bei Ihnen aus?

5. Übung: drücken Sie die folgenden Sachverhalte eleganter aus:

So schreibt Herr Hötzel	So formulieren Sie es treffender
Sehr geehrte Herren	
wir danken Ihnen für Ihre Bestellung vom 6. Oktober über eine Sortiermaschine	
Wir werden die Maschine zum Preis von 8.700,00 € ab Werk – sonst bekannte Bedingungen gemäß unserem Angebot vom 29. August dieses Jahres – liefern.	
Wir machen darauf aufmerksam, dass sich der Preis für die Maschine rein netto versteht. Darauf kommen noch 16 % Mehrwertsteuer.	
Die Maschine werden wir Ihnen in etwa 3 bis 4 Wochen liefern können.	
Sie wird, wie von Ihnen vorgeschrieben, für 220 Volt Wechselstrom ausgerüstet, wodurch ohne weiteres der Anschluss an Ihr normales Stromnetz möglich wird. Wunschgemäß bestätigen wir Ihnen, dass wir für die Maschine die volle Garantie für die Dauer	

eines Jahres übernehmen. Das ist der Beweis für ein besonderes Entgegenkommen; gewöhnlich gehen wir eine solche Verpflichtung nicht ein.	
Wir werden Ihre Bestellung gewissenhaft ausführen. Mit bester Empfehlung	

6. Formulieren Sie den Brief neu damit er „ankommt".

Lösungshinweise:

1. Der Verfasser bestätigt in dem Brief, dass er die Bestellung der Firma Albrecht Meyer KG annimmt. Er wiederholt die Konditionen und „besiegelt" damit den Kaufvertrag durch Annahme des Angebots. Anscheinend hat der Einkäufer der Albrecht Meyer KG weitere Preiszugeständnisse ausgehandelt, sodass seine Bestellung das Angebot darstellt.

2. Einen „traditionell konservativen". Es handelt sich wahrscheinlich um ein alteingesessenes Unternehmen, das hoffentlich moderner produziert als es korrespondiert.

3. Der Brief wirkt vor allem altmodisch und belehrend. Beispiele:
altmodisch:
„Sehr geehrte Herren"
„ wir danken Ihnen für..."
„Wir werden die die Maschine zum Preis von 8.700,00 € ab Werk - sonst bekannte Bedingungen gemäß unserem Angebot vom 29. August dieses Jahres - liefern."
„Mit den übrigen Ausführungen in Ihrer Bestellung sind wir einverstanden."
„Wunschgemäß bestätigen wir Ihnen,..."
„Wir werden Ihre Bestellung gewissenhaft ausführen."
belehrend:
„Wir machen darauf aufmerksam, dass sich der Preis für die Maschine rein netto versteht. Darauf kommen noch 16 % Mehrwertsteuer."

4. Ich hätte Zweifel, ob ich mir wirklich ein kompetentes, modernes Unternehmen als Partner ausgesucht hätte. „Traditionelle Handwerkskunst ist schön und gut. Für industrielle Produktionszwecke reicht sie allerdings häufig nicht aus. Der Brief vermittelt mehr den Eindruck konservativer traditioneller Handwerkskunst als den Eindruck von High-Tech.

6.3 Praxisbeispiele von A – Z

5.

So schreibt Herr Hötzel	So formulieren Sie es treffender
Sehr geehrte Herren	Die Zeit der „Herren" in den Büros ist vorbei. Nach so vielen Kontakten und dem Namen in der Bestellung dürfte der Ansprechpartner bzw. die Ansprechpartnerin bekannt sein. Also, sprechen Sie ihn/sie bitte mit Namen an. Wenn nicht, bitte den Ausdruck: Sehr geehrte Damen und Herren verwenden. So höflich sollte man sein.
wir danken Ihnen für Ihre Bestellung vom 6. Oktober über eine Sortiermaschine	Vielen Dank für Ihren Auftrag.
Wir werden die Maschine zum Preis von 8.700,00 € ab Werk – sonst bekannte Bedingungen gemäß unserem Angebot vom 29. August dieses Jahres – liefern.	Sie erhalten die bestellte Sortiermaschine AGZ-2211 wie im Angebot vom 29. August beschrieben, zum Preis von 8.700,00 € zuzüglich 16 % USt.
Wir machen darauf aufmerksam, dass sich der Preis für die Maschine rein netto versteht. Darauf kommen noch 16 % Mehrwertsteuer.	Das versteht sich von selbst. Wenn Sie ganz sicher gehen wollen, schreiben Sie ...€ zuzüglich *Umsatzsteuer*. Das klingt nicht sehr elegant, wirkt aber weniger belehrend.
Die Maschine werden wir Ihnen in etwa 3 bis 4 Wochen liefern können.	Nennen Sie einen konkreten Termin. Wenn es sein muss, den spätesten. Sie können den Kunden dann immer noch überraschen, indem Sie anfragen, ob er mit einer früheren Lieferung einverstanden ist. Schreiben Sie besser: *Sie erhalten die Maschine am ...*
Sie wird, wie von Ihnen vorgeschrieben, für 220 Volt Wechselstrom ausgerüstet, wodurch ohne weiteres der Anschluss an Ihr normales Stromnetz möglich wird.	Entweder, Sie schreiben dazu gar nichts, weil es im Angebot bereits enthalten ist, oder Sie schreiben: *Die Sortiermaschine ist Ihrem Wunsch entsprechend mit einem 220 Volt Wechselstrom-Anschluss ausgestattet.*
Wunschgemäß bestätigen wir Ihnen, dass wir für die Maschine die volle Garantie für die Dauer eines Jahres übernehmen. Das ist der Beweis für ein besonderes Entgegenkommen; gewöhnlich gehen wir eine solche Verpflichtung nicht ein.	Sind Sie von der Qualität Ihrer Maschinen so wenig überzeugt, dass Sie nicht einmal ein Jahr dafür garantieren wollen? Schreiben Sie besser: *Wie vereinbart, haben Sie auf Ihre Sortiermaschine ein volles Jahr Garantie.*

`Wir werden Ihre Bestellung ge-` `wissenhaft ausführen.`	Das ist eine Selbstverständlichkeit. Wer kann es sich heute erlauben, eine Bestellung nicht gewissenhaft auszuführen? Oder sollte es bei Ihnen die Ausnahme sein? Schreiben Sie entweder gar nichts oder: Sie haben eine gute Entscheidung getroffen.
`Mit bester Empfehlung`	... auch an die Frau Gemahlin?? Seien Sie etwas lockerer: *Freundliche Grüße aus Zehstadt*

6. Siehe Seite 147.

6.3.6 Antwort auf Bewerbung

Hasenunger GmbH, Postfach 3, 44556 Kastadt

Frau
Eveline Probst
Kirchstr. 12

44654 Gestadt

Besten Dank für Ihre Bewerbung vom 20. Oktober diesen Jahres

Hoch verehrte Frau Probst,

Ihre freundlichen Bewerbungsunterlagen haben wir erhalten. Wir bedanken uns bestens für Ihr Interesse an einer Mitarbeit in unserem Hause.

Leider müssen wir Ihnen aufgrund der Vielzahl der gerade in jüngster Vergangenheit ständig eingehenden Bewerbungsunterlagen mitteilen, dass die erforderliche Vorauswahl noch eine geraume Zeit in Anspruch nehmen wird.

Wir bitten Sie diesbezüglich höflichst um ein Weilchen Geduld. Aufgrund der hohen Arbeitsbelastung unsererseits wären wir dankbar, wenn Sie von telefonischen Rückfragen Abstand nähmen. Sobald ein erster Vorentscheid in unserem Hause gefällt wurde, werden wir selbstredend unverzüglich mit Ihnen in Kontakt treten.

Bis dahin verbleiben wir

mit freundlichen Grüßen

Ihre

Hasenunger GmbH
- Personalleitung-

i. V. *Ernst Groß*

Aufgaben:

1. Was ist das Ziel des Verfassers?

2. Wo haben Sie den Eindruck, dass „zu dick" aufgetragen wurde?

3. Welchen Eindruck gewinnen Sie aufgrund des Briefes von der Hasenunger GmbH?

4. Stellen Sie sich vor, Sie seien der Empfänger des Briefes. Welche Gefühle löste dieser Brief bei Ihnen aus?

5. Übung: drücken Sie die folgenden Sachverhalte eleganter aus:

Hoch verehrte Frau Probst	
Ihre freundlichen Bewerbungsunterlagen haben wir erhalten	
Wir bedanken uns bestens	
Leider müssen wir Ihnen... mitteilen	
aufgrund der Vielzahl der gerade in jüngster Vergangenheit ständig eingehenden Bewerbungsunterlagen ...	
Wir bitten Sie diesbezüglich höflichst um ein Weilchen Geduld	
Aufgrund der hohen Arbeitsbelastung unsererseits wären wir dankbar, wenn Sie von telefonischen Rückfragen Abstand nähmen	
Sobald ein erster Vorentscheid in unserem Hause gefällt wurde	
werden wir selbstredend unverzüglich mit Ihnen in Kontakt treten.	
Bis dahin verbleiben wir mit freundlichen Grüßen	

6. Formulieren Sie den Brief neu damit er „ankommt".

6.3 Praxisbeispiele von A – Z

Lösungshinweise:

1. Der Verfasser möchte Frau Probst mitteilen, dass er die Bewerbungsunterlagen hat und dass es noch einige Zeit dauert, bis die Vorauswahl abgeschlossen ist.

2. Hoch verehrte...; Ihre freundlichen Bewerbungsunterlagen...; Wir bedanken uns bestens ...; gerade in jüngster Vergangenheit ständig eingehenden Bewerbungsunterlagen...; dass die erforderliche Vorauswahl noch eine geraume Zeit...; bitten Sie diesbezüglich höflichst um ein Weilchen Geduld; Aufgrund der hohen Arbeitsbelastung unsererseits...; wenn Sie von telefonischen Rückfragen Abstand nähmen; ...werden wir selbstredend unverzüglich mit Ihnen in Kontakt treten.

3. Diese Frage ist individuell zu beurteilen. Auf mich macht die Hasenunger GmbH einen altmodisch verstaubten Eindruck. Ich sehe den Mitarbeiter der Personalabteilung vor mir sitzen mit Ärmelschonern. Vielleicht steht er auch an einem uralten Stehpult und formuliert seine gestelzten Sätze. Bestimmt geht es in diesem Unternehmen auch sehr förmlich zu. Ob ich mich in „diesem Hause" auch wohlfühlen könnte, wage ich zu bezweifeln.

4. Auch diese Frage ist individuell zu beurteilen. Bei mir löste der Brief Skepsis und Ablehnung aus. Ich liebe es, Dinge direkt auf den Punkt zu bringen. Deshalb fühlte ich mich in einem Umfeld, in dem geschraubte Formulierungen üblich sind, fehl am Platze.

5.

Hoch verehrte Frau Probst	Hoch verehrte Damen und Herren gab es im Mittelalter. Vielleicht war das eine schöne Zeit. Sie ist vorbei. Heute schreibt man einfach: Sehr geehrte Frau Probst.
Ihre freundlichen Bewerbungsunterlagen haben wir erhalten	Menschen können freundlich sein. Bewerbungsunterlagen können das nie. Dennoch liest man solche und ähnliche Formulierungen immer wieder. Und wie soll man auf eine Bewerbung antworten, wenn man sie nicht erhalten hat? Also: Vergessen wir den ganzen Satz einfach.
Wir bedanken uns bestens	Kann man sich auch „zweitbestens" bedanken? Eleganter klingt: Vielen Dank für...
Leider müssen wir Ihnen... mitteilen	Wer zwingt uns dazu, etwas zu tun, was wir bedauern? Genau das teilen wir der Leserin mit:

	Leider = wir bedauern Müssen wir = wir sind gezwungen Wenn das nicht stimmt, weshalb sollten wir es dann schreiben? Es klingt nach Feigheit, weil der Verfasser sich hinter einem „Zwang von oben" versteckt.
aufgrund der Vielzahl der gerade in jüngster Vergangenheit ständig eingehenden Bewerbungsunterlagen ...	Reines Blabla. Das interessiert wirklich keinen Menschen. Vermeiden Sie es, sich wichtig zu machen.
Wir bitten Sie diesbezüglich höflichst um ein Weilchen Geduld	Wer bittet, ist immer höflich. Höflich bitten ist ein Doppelmopp. Und diesbezüglich ist ein Wort, das Sie getrost entsorgen können. Schreiben Sie besser: „bitte" und sagen Sie dann, was Sie wollen.
Aufgrund der hohen Arbeitsbelastung unsererseits wären wir dankbar, wenn Sie von telefonischen Rückfragen Abstand nähmen.	Dieser Satz ist eine reine Unverschämtheit. Haben Sie schon einmal warten müssen? Dann wissen Sie, dass Warten eine schwierige Tätigkeit ist. Vielleicht braucht die Bewerberin einen baldigen Bescheid, weil sie sich selbst entscheiden muss? Die Satzkonstruktion dürfen Sie selbst beurteilen.
Sobald ein erster Vorentscheid in unserem Hause gefällt wurde	Auch hier wieder ein Versteckspiel nach dem Motto: „Ich kann ja nichts dafür, dass Sie warten müssen", erst muss „in unserem Hause gefällt werden" – ja bitte, mit wem habe ich es denn hier zu tun?
werden wir selbstredend unverzüglich mit Ihnen in Kontakt treten.	Wie wäre es mit: Sie hören spätestens am ... von uns?
Bis dahin verbleiben wir mit freundlichen Grüßen	Ach, verbleiben Sie doch, wo Sie wollen, es interessiert mich einfach nicht mehr... Vergessen Sie diesen Schluss ein für allemal. Es gibt keine sicherere Methode, sich selbst zu disqualifizieren, als diese Floskel. Schreiben Sie einfach Freundliche Grüße oder Freundliche Grüße aus Kastadt

6. Siehe Seite 148.

6.3.7 Bestellung

Dolly Moden GmbH, Postfach 7 22344 Destadt

Textilwerke Olaf Huber OHG
Platanenallee 21

54321 Adorf

Bestellung (bitte an Herrn Stefan Petermann weiterleiten)

Sehr geehrte Damen und Herren,

ich danke Ihnen für Ihr Schreiben, das ich am 19. Dezember vergangenen Jahres erhielt. Besonders verbunden bin ich Ihnen für das Sonderangebot in Kleidern und Blusen, das Sie eigens für mich zusammengestellt haben.

Lebhaften Beifall, auch meiner Mitarbeiterinnen, fand Ihr illustrierter Katalog, der uns zu nachstehender Bestellung veranlasst:

Bestell-nummer	Bezeichnung	Größe	An-zahl	Einzel-preis €	Gesamt-preis €
2345	Damenkleid rot	36, 38, 40	3	40,95	122,85
6543	Damenbluse gelb	44, 46	2	20,95	40,90
5342	Damenblazer	46, 48, 50	3	27,95	83,95
9986	Damenhose	36, 38, 40	3	12,95	38,85

Mit Ihren Liefer- und Zahlungsbedingungen bin ich einverstanden. Ich erwarte Ihre Lieferung frühestmöglich. Ich wäre Ihnen dankbar, wenn Sie mir ein Angebot in Frühjahrs- und Sommermode machten.

Mit bester Empfehlung

Dolly Moden GmbH
- Einkauf -

ppa. Caroline Muth

Caroline Muth

Aufgaben:

Lesen Sie den Brief auf Seite 79 aufmerksam durch und lösen Sie dann die folgenden Aufgaben:

1. Welche Ziele will die Verfasserin mit dem Brief erreichen?

2. Wie beurteilen Sie die folgenden Sätze bzw. Formulierungen?

Formulierung	Meine Beurteilung
Bestellung (bitte an Herrn Stefan Petermann weiterleiten)	
ich danke Ihnen für Ihr Schreiben, das ich am 19. Dezember vergangenen Jahres erhielt.	
Besonders verbunden bin ich Ihnen für das Sonderangebot in Kleidern und Blusen, das Sie eigens für mich zusammengestellt haben.	
Lebhaften Beifall, auch meiner Mitarbeiterinnen, fand Ihr illustrierter Katalog,	
der uns zu nachstehender Bestellung veranlasst:	
Ich wäre Ihnen dankbar, wenn Sie mir ein Angebot in Frühjahrs- und Sommermode machten.	
Mit bester Empfehlung	

3. Welchen Eindruck gewinnen Sie aufgrund des Briefes von der Dolly GmbH?

4. Übersetzen Sie die folgenden Sätze in ein modernes Deutsch.

6.3 Praxisbeispiele von A – Z

So schreibt Frau Muth	So formulieren Sie es zeitgemäß
Besonders verbunden bin ich Ihnen für das Sonderangebot in Kleidern und Blusen, das Sie eigens für mich zusammengestellt haben.	
Lebhaften Beifall, auch meiner Mitarbeiterinnen, fand Ihr illustrierter Katalog	
Ich wäre Ihnen dankbar, wenn Sie mir ein Angebot in Frühjahrs- und Sommermode machten.	
Mit bester Empfehlung	

5. Formulieren Sie den Brief neu damit er „ankommt".

Lösungshinweise:

1. Die Verfasserin will sich für den Brief der Textilwerke Huber OHG bedanken, sie will mitteilen, dass ihr das Sortiment gefällt und sie will eine erste Bestellung aufgeben.

2.

Formulierung	Meine Beurteilung
Bestellung (bitte an Herrn Stefan Petermann weiterleiten)	Weshalb schreibt die Verfasserin Herrn Petermann nicht direkt an? Es ist unüblich, in der Betreff-Zeile anzugeben, an wen ein Brief gerichtet ist.
ich danke Ihnen für Ihr Schreiben, das ich am 19. Dezember vergangenen Jahres erhielt.	Vielen Dank für den Dank, allerdings werden hier zu viele Worte gemacht. (Zeit ist Geld).
Besonders verbunden bin ich Ihnen für das Sonderangebot in Kleidern und Blusen, das Sie eigens für mich zusammengestellt haben.	Verbindlichsten Dank für die Verbundenheit. Haben gnädige Frau sonst noch Wünsche, die ich „eigens für Sie" erledigen kann? – Die Dame scheint älter zu sein...
Lebhaften Beifall, auch meiner Mitarbeiterinnen, fand Ihr illustrierter Katalog,	Ich höre förmlich den Applaus der versammelten Dolly-Mannschaft bei der Vorlage des „illustrierten" Katalogs. Auch hier habe ich das Gefühl, dass etwas zu viel Zucker auf den Kuchen gestreut wird. Übrigens, gibt es auch Kataloge, die nicht illustriert sind?

der uns zu nachstehender Bestellung veranlasst:	Schön. Eine neue Kundin. Auf die nachstehende Bestellung bin ich gespannt
Ich wäre Ihnen dankbar, wenn Sie mir ein Angebot in Frühjahrs- und Sommermode machten.	Das klingt ja schon fast zu modern, ja fast lässig: „in Frühjahrs- und Sommermode" machten – na ja, so ist sie, unsere Frühjahrs- und Sommermode.
Mit bester Empfehlung	... auch an die Frau Gemahlin... – jetzt hat sie den Sprung in die Mitte des vorigen Jahrhunderts wieder geschafft.

3. Ich vermute, es handelt sich um ein alteingesessenes Modegeschäft, das von einer sehr schlanken, strengen älteren Dame mit Ballettausbildung geführt wird. Sie kümmert sich mehr als zuvorkommend um ihre Kundinnen und achtet strengstens auf die Etikette. Charmant und zugleich verstaubt.

4.
So schreibt Frau Muth	So formulieren Sie es zeitgemäß
Besonders verbunden bin ich Ihnen für das Sonderangebot in Kleidern und Blusen, das Sie eigens für mich zusammengestellt haben.	Vielen Dank für Ihr Sonderangebot an Kleidern und Blusen. Sie haben meinen Geschmack genau getroffen.
Lebhaften Beifall, auch meiner Mitarbeiterinnen, fand Ihr illustrierter Katalog	Ihr Katalog hat meinen Mitarbeiterinnen und mir sehr gut gefallen.
Ich wäre Ihnen dankbar, wenn Sie mir ein Angebot in Frühjahrs- und Sommermode machten.	Bitte machen Sie mir Vorschläge für eine Frühjahrs- und Sommerkollektion.
Mit bester Empfehlung	Mit freundlichen Grüßen

5. Siehe Seite 149.

6.3.8 Bewerbung – Absage 1

Lauberger GmbH, Postfach 1277, 54321 Berghausen

Herrn
August Müller
Hinter dem Stadtpark 25

54322 Neudorf

Mitarbeit in unserer Produktion

Sehr geehrter Herr Müller,

wir kommen zurück auf Ihren geschätzten Telefonanruf vom vergangenen Montag diesen Monats.

Leider müssen wir Ihnen mitteilen, dass wir im Augenblick in unserer Produktion keine Vakanzen haben, die Ihrem Ansinnen entsprechen.

In Anbetracht der Tatsache, dass sich der Arbeitsmarkt wieder bewegt, stellen wir Ihnen anheim, uns Ihre schriftlichen Bewerbungsunterlagen zur genauen Prüfung zu überlassen. Das setzt voraus, dass Sie die entsprechende Geduld haben und warten können, bis sich bei uns eine eventuelle Gelegenheit zur Einstellung ergibt.

Wir hoffen, Ihnen mit dieser Nachricht gedient zu haben. Ihrer geschätzten Rückäußerung sehen wir entgegen und verbleiben

mit freundlichen Grüßen

Lauberger GmbH
- Personalleitung -

i. V. *Hannelore Kühnast*

Übung 1: Formulieren Sie zeitgemäß

so schreibt der „angestaubte" Korrespondent	So schreiben Sie
In Anbetracht der Tatsache, dass Ihr Brief erst am 6. November bei uns eingegangen ist, konnten wir das Antwortschreiben nicht früher verfassen.	
Es wird Ihnen anheim gestellt, künftig auch	
Sie haben uns am 3. November per Telefonanruf über die Terminverschiebung informiert	
Unter höflicher Bezugnahme auf Ihr Schreiben vom erhalten Sie die gewünschten Unterlagen zurück	
Wir bedanken uns bestens und verbleiben mit freundlichen Grüßen	
Ihre diesbezüglichen Wünsche werden wir erörtern	
Ihrer Rückäußerung sehen wir entgegen	
Hiermit bewerbe ich mich um die Stelle als...	
Wir bitten Sie höflich, uns die Unterlagen zu schicken	

Übung 2: Briefanalyse

Lesen Sie den Brief auf Seite 83 aufmerksam durch. Beantworten Sie dann die folgenden Fragen:

1. Was will die Verfasserin des Briefes erreichen?
2. Unterstreichen Sie alle „Oldies", also alle unzeitgemäßen Formulierungen im Brief.
3. Erläutern Sie kurz, was an den Formulierungen unzeitgemäß ist. Wie sagen Sie es treffender?

Lösungshinweise:

Übung 1: Formulieren Sie zeitgemäß

so schreibt der „angestaubte" Korrespondent	So schreiben Sie
In Anbetracht der Tatsache, dass Ihr Brief erst am 6. November bei uns eingegangen ist, konnten wir das Antwortschreiben nicht früher verfassen.	Vielen Dank für Ihren Brief. Wir haben ihn am 6. November erhalten. Sie erhalten die Antwort vorab per Fax....
Es wird Ihnen anheim gestellt, künftig auch	Es steht Ihnen frei, künftig auch...
Sie haben uns am 3. November per Telefonanruf über die Terminverschiebung informiert	Sie haben uns am 3. November telefonisch über den neuen Termin informiert.
Unter höflicher Bezugnahme auf Ihr Schreiben vom erhalten Sie die gewünschten Unterlagen zurück	Sie erhalten Ihre Unterlagen zurück
Wir bedanken uns bestens und verbleiben mit freundlichen Grüßen	Vielen Dank. Mit freundlichen Grüßen
Ihre diesbezüglichen Wünsche werden wir erörtern	Ihre Wünsche werden wir erörtern.
Ihrer Rückäußerung sehen wir entgegen	Wir freuen uns auf Ihre Antwort.
Hiermit bewerbe ich mich um die Stelle als...	...
Wir bitten Sie höflich, uns die Unterlagen zu schicken	Bitte schicken Sie uns die Unterlagen

Übung 2: Briefanalyse

1. Sie will den Bewerber, der sich telefonisch an die Personalabteilung gewandt hatte, mitteilen, dass im Augenblick keine freie Stelle vorhanden ist. Wenn er bereit ist, zu warten, bis eine Stelle frei wird, kann er gerne die Bewerbungsunterlagen schicken.

2. (1) <u>Wir kommen zurück auf Ihren geschätzten Telefonanruf vom vergangenen Montag diesen Monats.</u>
   (2) <u>Leider müssen wir Ihnen mitteilen,</u>
   (3) dass wir im Augenblick in unserer Produktion <u>keine Vakanzen haben</u>,
   (4) <u>die Ihrem Ansinnen entsprechen.</u>
   (5) <u>In Anbetracht der Tatsache</u>, dass sich der Arbeitsmarkt wieder bewegt, <u>stellen wir Ihnen anheim</u>, uns Ihre schriftlichen Bewerbungsunterlagen
   (6) <u>zur genauen Prüfung</u> zu überlassen. Das setzt voraus, dass Sie die <u>entsprechende Geduld haben und warten</u> können, bis sich bei uns eine <u>eventuelle Gelegenheit</u> zur Einstellung ergibt.
   (7) <u>Wir hoffen, Ihnen mit dieser Nachricht gedient zu haben.</u>
   (8) <u>Ihrer geschätzten Rückäußerung sehen wir entgegen</u>
   (9) <u>und verbleiben</u>...

3. (1) Diese Floskel ist unzeitgemäß. Kein Mensch spricht so am Telefon. Wieso sollte man dann so schreiben?
   (2) „Leider" gibt es in der Korrespondenz so gut wie gar nicht. Und „müssen" muss auch niemand. Beide Wörter sind so verstaubt, dass Sie sie getrost entsorgen können.
   (3) „Vakanzen" – was soll ein künftiger Produktionsmitarbeiter mit einem solchen Fremdwort anfangen? Wer so schreibt, der hat es nötig.
   (4) Ein „Ansinnen" hatten die Minnesänger, als sie den Burgfräuleins ihre Lieder „darbrachten". Die Zeiten sind vorbei – auch wenn manche es bedauern.
   (5) muss man hier etwas erklären? Geschraubter und verstaubter geht es wirklich kaum.
   (6) Eine Prüfung sollte genau sein. Sonst ist sie überflüssig. Und wer wartet, der braucht Geduld. Entsprechend und eventuell sind beides Füllwörter, die genauso überflüssig sind wie eine ungenaue Prüfung.
   (7) „Hoffen und Harren macht Menschen zu Narren" – Na dann hoffen Sie mal weiter. Ihr ergebenster Diener...
   (8) Warum nicht einfach „Wir freuen uns auf Ihre Antwort"?
   (9) Wann wird die Unsitte mit dem „und verbleiben" endlich ausgerottet sein? Liebe Grüße an alle „Verbliebenen".

Übung 4:

Siehe Seite 150.

6.3.9 Bewerbung – Absage 2

ZY GmbH, Am Berg 1, 43215 Hinterlauchringen

Fräulein
Sophie Wagner
Eichenweg 17

43220 Aadorf

Ihre Bewerbung als Sachbearbeiterin Produktionsplanung

Sehr geehrtes Fräulein Wagner,

leider müssen wir Ihnen mitteilen, dass wir Ihre Bewerbung als Sachbearbeiterin Produktionsplanung nicht berücksichtigen konnten.

Bei der Vielzahl der auf unser Inserat in der Allgemeinen Zeitung eingegangenen Bewerbungen um die von uns ausgeschriebene Stelle, waren wir leider gezwungen eine Vorauswahl zu treffen.

In diese Vorauswahl konnten wir nur solche Bewerber aufnehmen, die unseren Anforderungen in besonderem Maße entsprochen haben. Sie gehören leider nicht dazu. Deshalb bleibt uns nichts anderes übrig, als Ihnen die uns freundlicherweise überlassenen Bewerbungsunterlagen zu unserer Entlastung wieder zurückzuschicken.

Mit unserer Entscheidung möchten wir durchaus keine Wertung Ihrer zweifelsohne vorhandenen Qualifikation vornehmen.

Wir hoffen, dass Sie bald eine Tätigkeit finden, die Ihren Fähigkeiten entspricht.

Für Ihre weitere berufliche Zukunft wünschen wir Ihnen viel Glück.

Mit freundlichen Grüßen

i. A. Schelbchen

Schelbchen

Aufgaben:

Beurteilen sie den vorangegangenen Brief. Unterstreichen Sie mit unterschiedlichen Farben:

1. Was der Empfänger mit dem Beziehungs-Auge heraus liest.
2. Wie der Empfänger mit dem Appell-Auge reagiert.
3. Wie der Empfänger mit dem Selbstkundgabe-Auge den Brief interpretiert.
4. Schreiben Sie den Brief neu, damit sich keiner der Empfänger auf den Schlips getreten fühlt.

Lösungshinweise:

1. Was dem Empfänger mit dem Beziehungs-Auge ins Auge sticht.
   „Fräulein Wagner"; die nehmen mich nicht ernst „leider müssen wir Ihnen mitteilen"; - die haben etwas gegen mich. „Sie gehören leider nicht dazu" klar, wenn die mich nicht mögen „Deshalb bleibt uns nichts anderes übrig", logisch, wenn sie mich nicht mögen. „Mit unserer Entscheidung möchten wir durchaus keine Wertung" tun Sie aber „Ihrer zweifelsohne vorhandenen Qualifikation vornehmen." Ja ja, wenn man denen nicht ins Konzept passt... „Wir hoffen, dass Sie bald eine Tätigkeit finden, die Ihren Fähigkeiten entspricht." Das ist denen doch egal, wo ich bleibe. Alles Heuchelei. Ich bin froh, dass ich da nicht hin muss.

2. „leider müssen wir Ihnen mitteilen", Oh je, ich hab denen Arbeit gemacht „waren wir leider gezwungen..." noch schlimmer, ich hab sie zu etwas gezwungen. „Deshalb bleibt uns nichts anderes übrig", ach, was habe ich da nur angerichtet? „zu unserer Entlastung...".und belastet habe ich sie auch noch, das mache ich nie wieder „wünschen wir Ihnen viel Glück." Ja, das werde ich brauchen. Das tu ich nie wieder, anderen solche Umstände machen...

3. „Sehr geehrtes Fräulein Wagner", wer so altertümlich formuliert, outet sich selbst! „leider müssen wir Ihnen mitteilen", müssen muss niemand „Bei der Vielzahl der..." typisch, sich selbst auf den hohen Schild stellen „eingegangenen Bewerbungen um die von uns ausgeschriebene Stelle", das hätte mein Opa nicht besser formulieren können „waren wir leider gezwungen..." weder waren Sie gezwungen, noch bedauern Sie das. Reine Heuchelei. „die unseren Anforderungen in besonderem Maße entsprochen haben". auch das eine Formulierung von 1820 „zu unserer Entlastung..." ja, wer belastet Sie denn? „möchten wir durchaus keine Wertung Ihrer zweifelsohne vorhandenen Qualifikation vornehmen". Ob Sie das überhaupt könnten? Ich zweifle daran. „Wir hoffen, dass Sie bald eine Tätigkeit finden, die Ihren Fähigkeiten entspricht." Diese Floskel ist aus einem Lehrbuch abgeschrieben. Absolut kein Stil!

4. Siehe Seite 151.

6.3.10 Bitte um Bankauskunft

ABC-Spezialbank GmbH, Postfach, 12345 Astadt

Fax-Nr. 4711/2002
Z-Bank Bestadt
- Auskunftei -

34567 Bestadt

Vertraulich

Auskunft über   **Fa. Vater & Söhne GmbH & Co KG,
Am Waldrand 15, 34567 Bestadt**

Sehr geehrte Damen und Herren,

wir erlauben uns, Ihre Gefälligkeit mit der Bitte in Anspruch zu nehmen, uns im Eigeninteresse eine möglichst genaue Auskunft über den Geschäftsbetrieb, Vermögensverhältnisse und Kreditwürdigkeit der obengenannten Firma sowie ihrer Inhaber zu erteilen.

Für Ihre Informationen, die wir vertraulich und für Sie unverbindlich behandeln werden, bedanken wir uns im Voraus bestens.

Zu Gegendiensten finden Sie uns jederzeit bereit.

Mit freundlichen Grüßen

ABC-Spezialbank GmbH

i.V. *Alfons Blum*

Alfons Blum

Aufgaben:

1. Welches Ziel will Alfons Blum von der ABC-Spezialbank GmbH mit dem Brief erreichen?

2. Wie beurteilen Sie die folgenden Ausdrücke?

Ausdruck	Mein Eindruck
wir erlauben uns, Ihre Gefälligkeit mit der Bitte in Anspruch zu nehmen, uns im Eigeninteresse eine möglichst genaue Auskunft über den Geschäftsbetrieb, Vermögensverhältnisse und Kreditwürdigkeit der obengenannten Firma sowie ihrer Inhaber zu erteilen.	
wir erlauben uns...	
Ihre Gefälligkeit mit der Bitte in Anspruch zu nehmen	
uns im Eigeninteresse	
eine möglichst genaue Auskunft über den Geschäftsbetrieb, Vermögensverhältnisse und Kreditwürdigkeit der obengenannten Firma sowie ihrer Inhaber zu erteilen.	
Für Ihre Informationen, die wir vertraulich und für Sie unverbindlich behandeln werden, bedanken wir uns im Voraus bestens.	
Zu Gegendiensten finden Sie uns jederzeit bereit	

6.3 Praxisbeispiele von A – Z

3. Formulieren Sie neu, damit es „ankommt".

Ausdruck	Der selbe Inhalt zeitgemäß ausgedrückt
wir erlauben uns Ihre Gefälligkeit mit der Bitte in Anspruch zu nehmen...	
uns im Eigeninteresse	
eine möglichst genaue Auskunft über den Geschäftsbetrieb, Vermögensverhältnisse und Kreditwürdigkeit der obengenannten Firma sowie ihrer Inhaber zu erteilen.	
Für Ihre Informationen, die wir vertraulich und für Sie unverbindlich behandeln werden, bedanken wir uns im Voraus bestens.	
Zu Gegendiensten finden Sie uns jederzeit bereit	

4. Formulieren Sie den gesamten Brief in einen zeitgemäßen Stil.

Lösungshinweise:

1. Alfons Blum möchte von der Z-Bank eine Auskunft darüber, wie sie die Kreditwürdigkeit der Firma Vater & Söhne GmbH & Co KG, sowie die Kreditwürdigkeit der Inhaber des Unternehmens einschätzt.

2. Entschuldigen Sie, wenn ich diese Ausdrücke sehr kritisch unter die Lupe nehme. Ich denke, die Arbeitsweise der ABC-Spezialbank ist erheblich moderner und professioneller, als die Ausdrucksweise des Herrn Blum. Vielleicht wurde der Musterbrief „Einholung von Bank-an-Bank-Auskünften" seit Gründung der ABC-Spezialbank nicht mehr überarbeitet, weil sich niemand traut, an den Formulierungen des „Herrn Kommerzienrat" Kritik zu üben...

Ausdruck	Mein Eindruck
wir erlauben uns, Ihre Gefälligkeit mit der Bitte in Anspruch zu nehmen, uns im Eigeninteresse eine möglichst genaue Auskunft über den Geschäftsbetrieb, Vermögensverhältnisse und Kreditwürdigkeit der obengenannten Firma sowie ihrer Inhaber zu erteilen.	Paradebeispiel eines Bandwurmsatzes. 33 Wörter am Stück. „Darf's ein bisschen mehr sein...?" Versuchen Sie einmal, den Satz am Stück zu sagen, ohne Luft zu holen. Schaffen Sie es? Dann haben Sie eine gute Kondition. Haben Sie den Inhalt beim ersten Durchlesen verstanden? Hut ab!
wir erlauben uns...	in welchem Jahrhundert leben wir eigentlich? oder: „was erlauben Sie sich!"
Ihre Gefälligkeit mit der Bitte in Anspruch zu nehmen	Stellen Sie sich vor, jemand spräche Sie so am Telefon an. Welchen Eindruck „gewönnen" Sie von Ihrem Gesprächspartner?
uns im Eigeninteresse	? in wessen Eigeninteresse? In meinem? Woher kennen die meine Interessen? Vorsicht!!!
eine möglichst genaue Auskunft über den Geschäftsbetrieb, Vermögensverhältnisse und Kreditwürdigkeit der obengenannten Firma sowie ihrer Inhaber zu erteilen.	Nach 15 Worten Verpackung kommt endlich der Inhalt. Wir sollen eine Auskunft „erteilen".
Für Ihre Informationen, die wir vertraulich und für Sie unverbindlich behandeln werden, bedanken wir uns im Voraus bestens.	Noch ein Bandwurmsatz – allerdings nur 18 Wörter. Da lässt die Kondition nach. Wie bedankt man sich übrigens „bestens"?
Zu Gegendiensten finden Sie uns jederzeit bereit	Schön zu wissen. Bei uns müsste morgen der Rasen gemäht werden.

3.

Ausdruck	Der selbe Inhalt zeitgemäß ausgedrückt
wir erlauben uns Ihre Gefälligkeit mit der Bitte in Anspruch zu nehmen...	• Können Sie uns weiter helfen? • Bitte um Auskunft • Bitte um Ihre Unterstützung
uns im Eigeninteresse	Ganz weg lassen oder das „Eigeninteresse" genau definieren
eine möglichst genaue Auskunft über den Geschäftsbetrieb, Vermögensverhältnisse und Kreditwürdigkeit der obengenannten Firma sowie ihrer Inhaber zu erteilen.	Wir benötigen eine Auskunft über den Geschäftsbetrieb, die Vermögensverhältnisse und die Kreditwürdigkeit der Firma Vater und Söhne, sowie ihrer Inhaber.
Für Ihre Informationen, die wir vertraulich und für Sie unverbindlich behandeln werden, bedanken wir uns im Voraus bestens.	Ihre Information behandeln wir vertraulich. Sie gehen kein Risiko ein. Vielen Dank.
Zu Gegendiensten finden Sie uns jederzeit bereit	Sollten Sie eine Auskunft von uns benötigen, helfen wir Ihnen jederzeit gerne.

4. Siehe Seite 152.

6.3.11 Erste Mahnung

Computerschule Fritz Klein, Im Hochhaus 7, 12345 Neustadt

Verlagshaus Müller GmbH
Östliche-Allee 27

12345 Oberdorf

1. Mahnung

Sehr geehrte Frau Müller,

bei Durchsicht unserer Unterlagen konnten wir leider den Eingang der Kursgebühr für den von Ihrer Mitarbeiterin Carola Hohli besuchten

Kurs „Office"

noch nicht feststellen.

Nachdem vereinbarungsgemäß die Gebühr bereits zur 2. Kurswoche fällig wurde, bitten wir um Überweisung bis spätestens zum

01. März 2004

Es handelt sich um einen Betrag von **€ 250,00**.

Sie können dazu unser beiliegendes Formular verwenden oder bar in unserem Büro bezahlen.

Falls sich Ihre Zahlung mit der Mahnung überschnitten hat, betrachten Sie dieses Schreiben als gegenstandslos.

Sollte ein Irrtum unsererseits vorliegen, bitten wir um telefonische Klärung.

Für Rückfragen stehen wir Ihnen gerne von Montag bis Freitag von 10:00 bis 19:00 zur Verfügung.

Mit freundlichen Grüßen
Ihre Computerschule Fritz Klein

Fritz Klein

Aufgaben:

Lesen Sie den vorangegangenen Brief. Beantworten Sie dann die folgenden Fragen:

1. Welche Selbstkundgabe lesen Sie zwischen den Zeilen des Briefes? Unterstreichen Sie drei Beispiele, die Ihre Auffassung belegen.

2. Wie empfinden Sie die Beziehung, die zwischen den Zeilen durchschimmert? Unterstreichen Sie ebenfalls drei Beispiele für Ihre Auffassung.

3. Versetzen Sie sich in die Lage des Verfassers. Schreiben Sie an seiner Stelle den Brief in einem partnerschaftlichen Stil.

Lösungshinweise:

1. Für mich steht als Selbstkundgabe zwischen den Zeilen:
   - Wir sind ein ordentliches Unternehmen, weil wir regelmäßig unsere Unterlagen durchsehen.
   - Wir halten uns an Vereinbarungen und erwarten das (gefälligst) auch von anderen.
   - Wir bedauern es, wenn wir (leider) mit nicht so ordentlichen Unternehmen zusammenarbeiten, die sich nicht an Vereinbarungen halten: („vereinbarungsgemäß ... bereits zur 2. Kurswoche fällig wurde...").
   - Wir wissen, wie man so etwas macht. Und das teilen wir Ihnen jetzt mit. („Es handelt sich um einen Betrag von... Sie können dazu unser beiliegendes Formular verwenden oder bar in unserem Büro bezahlen... Für Rückfragen stehen wir...")

2. Leicht gestört und nicht partnerschaftlich. Der Briefschreiber erläutert dem Empfänger in oberlehrerhafter Art und Weise, was er falsch gemacht hat. Damit nicht genug. Er macht ihm Vorschriften, was er (gefälligst) zu tun habe. Beispiele:
   - *1. Mahnung* Wer „mahnt" hebt den Zeigefinger und sagt dem anderen, was richtig und was falsch ist. Immer nach dem Motto: Ich bin OK, Du bist nicht OK.
   - *...konnten wir leider ...noch nicht feststellen.* Schon wieder dieses „leider". Was bedauert der Schreiber? Dass er sein Geld noch nicht hat? Oder bedauert er, dass er mit dem Empfänger des Briefes Geschäfte gemacht hat?
   - *...nachdem vereinbarungsgemäß die Gebühr bereits zur 2. Kurswoche fällig wurde...* Und Sie haben sich schon wieder nicht an die Spielregeln gehalten. Da haben Sie den Beweis: Ich bin gut und Sie sind schlecht.
   - *Sie können dazu ... verwenden oder bar ...einzahlen.* – Sie sehen, ich weiß wie es geht. Und weil ich annehme, Sie wissen es nicht, sage ich es Ihnen jetzt einmal.

- **Sollte ein Irrtum unsererseits vorliegen, bitten wir um telefonische Klärung.** Es könnte ja sein, dass uns auch einmal ein Fehler unterläuft. Wenn das so ist, dann haben wir hier vorgebeugt. Und Sie haben wieder den schwarzen Peter. Denn Sie müssen uns anrufen. Anrufen. Nicht faxen oder mailen. Anrufen ist vereinbart!!
- **Für Rückfragen stehen wir Ihnen gerne...** Na ja, wenn Sie immer noch nicht klar kommen, dann rufen Sie halt an. Wir wissen, wie es geht und sagen es Ihnen dann schon. Irgendwie werden wir auch diesen Fall geregelt bekommen. Aber wenn es wirklich so sein sollte, dann halten Sie sich gefälligst an die angegebenen Zeiten. Wir bestimmen, wann wir für Sie da sind. Basta!

3. Siehe Seite 153.

6.3.12 Hausratversicherung

Versicherungs AG, Postfach, 23456 Neustadt

Frau
Anneliese Metz
Eichenweg 7

65432 Altdorf

Hausratversicherung

Sehr geehrte Frau Metz,

wir kommen zurück auf unser Schreiben vom 20.06.2002 und wären Ihnen dankbar, wenn Sie unsere Anfrage in den nächsten Tagen beantworten könnten.

Ihrer diesbezüglichen baldigen Rückantwort sehen wir mit Interesse entgegen.

Mit freundlichen Grüßen

i. A.

Kunz

Aufgaben:

Lesen Sie den Brief auf Seite 97 durch und beantworten Sie die folgenden Fragen:

1. Unterstreichen Sie alle Begriffe, die Sie für nicht zeitgemäß halten.
2. Wie wirkt der Brief auf Sie?
3. Finden Sie für die folgenden Ausdrücke zeitgemäße Worte

So klingt es altertümlich:	So schreibt man heute:
Wir kommen zurück auf unser Schreiben vom	
Bezugnehmend auf unser Schreiben vom	
Weil wir auf unseren Brief vom ... kein Antwortschreiben erhielten...	
Anliegend übersenden wir Ihnen die gewünschten Unterlagen	
In Anbetracht der Tatsache, dass Sie Ihr Abonnement nicht rechtzeitig gekündigt haben...	
Unter höflicher Bezugnahme auf Ihr Schreiben vom ... überreichen wir Ihnen obige Unterlagen zurück mit dem Bemerken...	
Bestens Dankend senden wir Ihnen die unterschriebene Ausfertigung des Vertrags für Ihre Unterlagen.	
Entgegenkommenderweise haben wir uns dazu entschlossen, Ihnen 5 % Preisnachlass zu gewähren...	
Ihrer diesbezüglichen Rückantwort sehen wir mit Interesse entgegen	

4. Formulieren Sie den Brief zeitgemäß, damit er „ankommt".

Lösungshinweise:

1. <u>wir kommen zurück auf unser Schreiben</u>

6.3 Praxisbeispiele von A – Z

Ihrer diesbezüglichen
baldigen Rückantwort
sehen wir mit Interesse entgegen.

2. Aus meiner Sicht hat der Brief einen wohlwollenden Unterton. Der Korrespondent bzw. die Korrespondentin (ich kann nicht erkennen, wer i. A. Kunz ist, die notwendigen Angaben fehlen) versucht höflich und nett zu sein. Positiv ist, dass der Brief kurz ist. Er könnte allerdings noch kürzer sein, wenn er nicht zahlreiche altertümliche Formulierungen enthielte. Durch die altertümliche Ausdrucksweise wirkt der Brief unbeholfen und unprofessionell.

3.

So klingt es altertümlich:	So schreibt man heute:
Wir kommen zurück auf unser Schreiben vom	Aus der Betreff-Zeile sollte eindeutig hervorgehen, worum es geht. Im Text können Sie auf solche Formulierungen verzichten
Bezugnehmend auf unser Schreiben vom	
Weil wir auf unseren Brief vom ... kein Antwortschreiben erhielten...	Weil Sie unseren Brief vom ... nicht beantworten... oder: Weil Ihre Antwort auf unseren Brief vom... bisher nicht eingetroffen ist...
Anliegend übersenden wir Ihnen die gewünschten Unterlagen	Sie erhalten die gewünschten Unterlagen
In Anbetracht der Tatsache, dass Sie Ihr Abonnement nicht rechtzeitig gekündigt haben...	Weil Sie Ihr Abonnement nicht rechtzeitig gekündigt haben
Unter höflicher Bezugnahme auf Ihr Schreiben vom ... überreichen wir Ihnen obige Unterlagen zurück mit dem Bemerken...	Sie erhalten die Unterlagen zurück. Bitte gestatten Sie uns den Hinweis...
Bestens dankend senden wir Ihnen die unterschriebene Ausfertigung des Vertrags für Ihre Unterlagen.	Sie erhalten die unterschriebene Kopie des Vertrags für Ihre Unterlagen. Vielen Dank.
Entgegenkommenderweise haben wir uns dazu entschlossen, Ihnen 5 % Preisnachlass zu gewähren...	Sie erhalten die gewünschten 5 % Preisnachlass. Wir freuen uns auf eine weiterhin gute Zusammenarbeit.
Ihrer diesbezüglichen Rückantwort sehen wir mit Interesse entgegen.	Wir freuen uns auf Ihre Antwort.

4. Siehe Seite 154.

6.3.13 Import-Angebot

Import und Export AG, 34567 Berghofen

Teppichhaus Möller
Am Marktplatz 25

54322 Neudorf

Ihre Anfrage wegen des Imports eines Sonderpostens Orientteppiche

Sehr geehrter Herr Möller,

Wir haben Ihre Anfrage wegen des Imports eines Sonderpostens Orientteppiche erhalten.

Wir freuen uns sehr, dass Sie uns die Gelegenheit geben, unsere Leistungsfähigkeit unter Beweis zu stellen.

Wir bestehen bei Neukunden und bei Lieferungen im Wert von mehr als 20.000,00 € grundsätzlich auf einer Bankgarantie. Damit wir Ihren Auftrag zügig weiter bearbeiten können, benötigen wir deshalb unbedingt eine Bankgarantie über den Betrag von

250.000,00 €.

Sobald wir die Bankgarantie in Händen haben, werden wir die Bestellung abschicken. Wir liefern dann innerhalb von vier Wochen.

Wir danken Ihnen für das Vertrauen in unsere Firma und versichern, dass wir alles tun um es zu rechtfertigen.

Mit freundlichen Grüßen

Import und Export AG

Werner Knup

6.3 Praxisbeispiele von A – Z

Aufgaben

Übung 1:

so schreibt der Korrespondent, der sich für „das Maß aller Dinge" hält	So schreiben Sie kundenorientiert
Wir haben Ihren Brief vom 1. Dezember erhalten.	
Für die Weiterbearbeitung Ihrer Bestellung brauchen wir unbedingt die genauen Maße des Zimmers, in welches der Schrank eingebaut werden soll.	
Wie wir Ihnen bereits mehrfach mitgeteilt haben, fehlt uns der Zahlungseingang für unsere Rechnung über 250,- €. Wir müssen Sie um die umgehende Begleichung der Rechnung bitten.	
Wir müssen Sie in dieser Angelegenheit um etwas Geduld bitten.	
Wir liefern Ihnen selbstverständlich nur beste Qualität.	
Wir schicken Ihnen den angeforderten Katalog.	
Wir stehen für Ihre Fragen jederzeit zur telefonisch Verfügung.	
Wir verlangen von den Bewerbern, dass sie ehrgeizig sind und über eine gute Allgemeinbildung verfügen.	

Übung 2: Vorsicht Falle – wo formulieren Sie im „Wir-Stil"?

Eigentlich wissen Sie ja, dass Sie im Sie-Stil formulieren sollten. Aber ganz ehrlich – gibt es da nicht einige Lieblingswendungen in Ihrem Wortschatz, die den Wir-Stil pflegen und damit aus Sicht des Kunden nicht optimal sind? Überlegen Sie bitte ganz gewissenhaft.

Meine Lieblingswendungen im „Wir-Stil"	So formuliere ich es eleganter

Übung 3: Briefanalyse

Lesen Sie den Brief auf Seite 100 aufmerksam durch. Beantworten Sie dann die folgenden Fragen:

1. Was will der Verfasser des Briefes erreichen?
2. Unterstreichen Sie alle unnötigen „Wir-Formulierungen" im Brief.
3. Schreiben Sie den Brief kundenorientiert, damit er „ankommt".

Lösungshinweise:

Übung 1: Formulieren Sie kundenorientiert

so schreibt der Korrespondent, der sich für „das Maß aller Dinge" hält	So schreiben Sie kundenorientiert
Wir haben Ihren Brief vom 1. Dezember erhalten.	Herzlichen Dank für Ihren Brief.
Für die Weiterbearbeitung Ihrer Bestellung brauchen wir unbedingt die genauen Maße des Zimmers, in welches der Schrank eingebaut werden soll.	Bitte schicken Sie uns die genauen Maße des Zimmers, in welchem der Schrank eingebaut werden soll. Sie erhalten dann umgehend ein Angebot.
Wie wir Ihnen bereits mehrfach mitgeteilt haben, fehlt uns der Zahlungseingang für unsere Rechnung über 250,- €. Wir müssen Sie um die umgehende Begleichung der Rechnung bitten.	Sie haben bisher die Rechnung über 250,- € noch nicht beglichen. Bitte holen Sie das umgehend, spätestens bis zum 10. Dezember nach.
Wir müssen Sie in dieser Angelegenheit um etwas Geduld bitten.	Bitte haben Sie etwas Geduld.
Wir liefern Ihnen selbstverständlich nur beste Qualität.	Sie können sich darauf verlassen, dass Sie von uns nur Ware in bester Qualität erhalten.
Wir schicken Ihnen den angeforderten Katalog.	Sie erhalten den gewünschten Katalog.
Wir stehen für Ihre Fragen jederzeit zur telefonisch Verfügung.	Wenn Sie Fragen haben, dürfen Sie jederzeit anrufen.
Wir verlangen von den Bewerbern, dass sie ehrgeizig sind und über eine gute Allgemeinbildung verfügen.	Als Bewerber sollten Sie ehrgeizig sein und über eine gute Allgemeinbildung verfügen.

Übung 2:

Hier gibt es keine Musterlösung. Sie wissen bestimmt, wo Sie noch besser werden können.

Übung 3:

1. Was will der Verfasser des Briefes erreichen?
   Er will sich für den Auftrag bedanken und den Auftraggeber veranlassen, eine Bankgarantie über den Betrag der Bestellung zur Verfügung zu stellen.

2. Unterstreichen Sie alle unnötigen „Wir-Formulierungen" im Brief.

   (1) <u>Wir haben Ihre Anfrage wegen des Imports</u> ...

   (2) <u>Wir freuen uns sehr, dass Sie uns die Gelegenheit geben, unsere Leistungsfähigkeit</u> ...

   (3) <u>Wir bestehen bei Neukunden und bei Lieferungen im Wert von mehr als 20.000,00 € grundsätzlich</u> ...

   (4) <u>Damit wir Ihren Auftrag zügig</u> ... <u>benötigen wir deshalb</u>

   (5) <u>Sobald wir die Bankgarantie</u> in Händen haben, <u>werden wir</u> die Bestellung abschicken.

   (6) <u>Wir liefern dann</u> innerhalb von vier Wochen.

   (7) <u>Wir danken Ihnen für das Vertrauen</u> ....

4. Siehe Seite 155.

6.3.14 Kündigung in der Probezeit

Fischer GmbH, Industriestrasse 15, 24680 Neustadt

Frau
Heike Neumüller
Im Hause

Kündigung aufgrund mangelnder Leistungen

Sehr geehrte Frau Neumüller,

wie Sie wissen, hatten wir mit Ihnen beim Abschluss des Arbeitsvertrags eine Probezeit von drei Monaten vereinbart. Wir machen das grundsätzlich immer, weil wir bei neu eingestellten Mitarbeitern nie wissen, ob sie den Anforderungen unseres Hauses gewachsen sind. Während der Probezeit ist vom Gesetzgeber für beide Seiten eine kürzere Kündigungsfrist vorgesehen.

Da Ihre Leistungen in keinster Weise unseren Anforderungen genügen, müssen wir nun leider von dieser Kündigungsmöglichkeit Gebrauch machen. Es tut uns außerordentlich leid, dass wir das Arbeitsverhältnis mit Ihnen nun mit einer Frist von zwei Wochen kündigen müssen. Aber Sie sind den Anforderungen in keinem Maße gewachsen. Nehmen Sie es nicht so schwer. Es gibt bestimmt eine Stelle, die Sie mit Ihren Fähigkeiten ausfüllen können.

Entsprechend den Vorschriften des Betriebsverfassungsgesetzes haben wir den Betriebsrat informiert. Er sieht die Sache genau so wie wir und hat deshalb der Kündigung zugestimmt.

Sie müssen jetzt noch Ihren anteiligen Urlaub nehmen. Den Termin dafür müssen Sie mit Ihrem Vorgesetzten abstimmen. Wir schicken Ihnen Ihre Arbeitspapiere, sobald die Abrechnung erstellt ist.

Für Ihren weiteren Berufs- und Lebensweg wünschen wir Ihnen viel Glück.

Mit freundlichen Grüßen

Angelika Maier

Personalabteilung
Angelika Maier

6.3 Praxisbeispiele von A – Z

Aufgaben:

Lesen Sie den Brief auf Seite 104 aufmerksam durch und lösen Sie dann die folgenden Aufgaben:

1. Welche Ziele will Frau Maier mit dem Brief erreichen?
2. Wie beurteilen Sie die folgenden Sätze bzw. Formulierungen?

Formulierung	Meine Beurteilung
Kündigung aufgrund mangelnder Leistungen	
wie Sie wissen, hatten wir mit Ihnen beim Abschluss des Arbeitsvertrags eine Probezeit von drei Monaten vereinbart.	
Da Ihre Leistungen in keinster Weise unseren Anforderungen genügen, müssen wir nun leider von dieser Kündigungsmöglichkeit Gebrauch machen.	
Es tut uns außerordentlich leid, dass wir das Arbeitsverhältnis mit Ihnen nun mit einer Frist von zwei Wochen kündigen müssen. Aber Sie sind den Anforderungen in keinem Maße gewachsen.	
Nehmen Sie es nicht so schwer. Es gibt bestimmt eine Stelle, die Sie mit Ihren Fähigkeiten ausfüllen können.	
Entsprechend den Vorschriften des Betriebsverfassungsgesetzes haben wir den Betriebsrat informiert. Er sieht die Sache genau so wie wir und hat deshalb der Kündigung zugestimmt.	
Sie müssen jetzt noch Ihren anteiligen Urlaub nehmen. Den Termin dafür müssen Sie mit Ihrem Vorgesetzten abstimmen. Wir schicken Ihnen Ihre Arbeitspapiere, sobald die Abrechnung erstellt ist.	
Für Ihren weiteren Berufs- und Lebensweg wünschen wir Ihnen viel Glück.	

3. Welchen Eindruck gewinnen Sie aufgrund des Briefes von der Personalabteilung der Fischer GmbH?

4. Übersetzen Sie die folgenden Sätze in ein modernes Deutsch

Formulierung	So formulieren Sie es zeitgemäß
Kündigung aufgrund mangelnder Leistungen	
Da Ihre Leistungen in keinster Weise unseren Anforderungen genügen, müssen wir nun leider von dieser Kündigungsmöglichkeit Gebrauch machen.	
Es tut uns außerordentlich leid, dass wir das Arbeitsverhältnis mit Ihnen nun mit einer Frist von zwei Wochen kündigen müssen. Aber Sie sind den Anforderungen in keinem Maße gewachsen.	
Entsprechend den Vorschriften des Betriebsverfassungsgesetzes haben wir den Betriebsrat informiert. Er sieht die Sache genau so wie wir und hat deshalb der Kündigung zugestimmt.	
Nehmen Sie es nicht so schwer. Es gibt bestimmt eine Stelle, die Sie mit Ihren Fähigkeiten ausfüllen können.	
Sie müssen jetzt noch Ihren anteiligen Urlaub nehmen. Den Termin dafür müssen Sie mit Ihrem Vorgesetzten abstimmen. Wir schicken Ihnen Ihre Arbeitspapiere, sobald die Abrechnung erstellt ist.	
Für Ihren weiteren Berufs- und Lebensweg wünschen wir Ihnen viel Glück.	

5. Formulieren Sie den Brief neu damit er „ankommt".

6.3 Praxisbeispiele von A – Z

Lösungshinweise:

1. Sie will Frau Neumüller die Kündigung während der Probezeit aussprechen und sie unterrichten, wie sie ihren anteiligen Urlaub nehmen kann und wie sie ihre Arbeitspapiere erhält.

2.

Formulierung	Meine Beurteilung
Kündigung aufgrund mangelnder Leistungen	Hier wird eine schlechte Nachricht mit dem Vorschlaghammer überbracht.
wie Sie wissen, hatten wir mit Ihnen beim Abschluss des Arbeitsvertrags eine Probezeit von drei Monaten vereinbart.	Unnötiger Satz, die Vertragspartnerin weiß es, wir wissen es, warum noch einmal wiederholen?
Da Ihre Leistungen in keinster Weise unseren Anforderungen genügen, müssen wir nun leider von dieser Kündigungsmöglichkeit Gebrauch machen.	So schlecht kann eigentlich niemand sein, der bewusst ausgewählt wurde. Und selbst wenn, wozu die Vorschlaghammermethode?
Es tut uns außerordentlich leid, dass wir das Arbeitsverhältnis mit Ihnen nun mit einer Frist von zwei Wochen kündigen müssen. Aber Sie sind den Anforderungen in keinem Maße gewachsen.	Dieser Satz klingt nach Heuchelei. Wem tut es „außerordentlich Leid"? Und warum noch einmal die ganze Schuld auf die Vertragspartnerin schieben?
Nehmen Sie es nicht so schwer. Es gibt bestimmt eine Stelle, die Sie mit Ihren Fähigkeiten ausfüllen können.	Nach den bisherigen Ausführungen klingt dieser Satz nach Ironie. Noch einmal wird auf die Vertragspartnerin eingeprügelt.
Entsprechend den Vorschriften des Betriebsverfassungsgesetzes haben wir den Betriebsrat informiert. Er sieht die Sache genau so wie wir und hat deshalb der Kündigung zugestimmt.	Sieht der Betriebsrat die Sache tatsächlich genau so wie die Personalabteilung? Ich bezweifle es. Noch einmal ein Tritt ans Schienbein des Selbstbewusstseins.
Sie müssen jetzt noch Ihren anteiligen Urlaub nehmen. Den Termin dafür müssen Sie mit Ihrem Vorgesetzten abstimmen. Wir schicken Ihnen Ihre Arbeitspapiere, sobald die Abrechnung erstellt ist.	„Sie müssen" klingt immer nach einem Befehl. Bitte und danke sind Worte, die den Vertragspartner ernst nehmen.
Für Ihren weiteren Berufs- und Lebensweg wünschen wir Ihnen viel Glück.	Dieser Satz klingt nach Heuchelei. Wer jemanden mit solchen Worten aus dem Unternehmen katapultiert, gibt ihm nicht wirklich gute Wünsche mit auf den Weg.

3. Einen schlechten. In dieser Personalabteilung wird nicht professionell gearbeitet. Wer Mitarbeiterinnen auswählt, die den Anforderungen „in keinster Weise" gewachsen sind, sollte sich zunächst an der eigenen Nase fassen und sich fragen, wie weit er selbst den Anforderungen gewachsen ist. Und wer diese Mitarbeiterinnen dann noch mit Schimpf und Schande verabschiedet, sollte sich für den nächsten Benimm-Kurs bei der Volkshochschule anmelden.

4.

Formulierung	So formulieren Sie es zeitgemäß
Kündigung aufgrund mangelnder Leistungen	Kündigung in der Probezeit
Da Ihre Leistungen in keinster Weise unseren Anforderungen genügen, müssen wir nun leider von dieser Kündigungsmöglichkeit Gebrauch machen.	Aufgrund der Beurteilung Ihres Vorgesetzten, die er bereits mit Ihnen besprochen hat, kündigen wir Ihr Arbeitsverhältnis mit einer Frist von zwei Wochen.
Es tut uns außerordentlich leid, dass wir das Arbeitsverhältnis mit Ihnen nun mit einer Frist von zwei Wochen kündigen müssen. Aber Sie sind den Anforderungen in keinem Maße gewachsen.	Ihre Probezeit nähert sich dem Ende. Der Zweck der Probezeit war es, kritisch zu prüfen, ob die angebotene Stelle auf Dauer das Richtige für Sie ist und ob Sie die Mitarbeiterin sind, die wir uns auf Dauer in dieser Position vorstellen.
Entsprechend den Vorschriften des Betriebsverfassungsgesetzes haben wir den Betriebsrat informiert. Er sieht die Sache genau so wie wir und hat deshalb der Kündigung zugestimmt.	Den Betriebsrat haben wir ordnungsgemäß unterrichtet. Er hat der Kündigung zugestimmt.
Nehmen Sie es nicht so schwer. Es gibt bestimmt eine Stelle, die Sie mit Ihren Fähigkeiten ausfüllen können.	Bitte keine pseudo-tröstenden Worte in eine Kündigung schreiben. Sie tun höchstens weh. Bleiben Sie sachlich.
Sie müssen jetzt noch Ihren anteiligen Urlaub nehmen. Den Termin dafür müssen Sie mit Ihrem Vorgesetzten abstimmen. Wir schicken Ihnen Ihre Arbeitspapiere, sobald die Abrechnung erstellt ist.	Bitte stimmen Sie mit Ihrem Vorgesetzten ab, wann Sie Ihren anteiligen Urlaub nehmen können. Ihre Arbeitspapiere erhalten Sie mit der nächsten Gehaltsabrechnung.
Für Ihren weiteren Berufs- und Lebensweg wünschen wir Ihnen viel Glück.	Auch wenn es nun doch nicht so richtig geklappt hat, danken wir Ihnen für Ihren Einsatz und wünschen Ihnen für Ihre Zukunft alles Gute.

5. Siehe Seite 156.

6.3.15 Letzte Mahnung

Newsletter für die Industrie GmbH, Postfach, 12345 Neuhausen

Firma
Mooshammer AG, Schraubenfabrik
Postfach 11 22

98764 Unterbachsee

Letzte Mahnung

Sehr geehrte Damen und Herren,

nach Durchsicht unserer Unterlagen mussten wir feststellen, dass hier folgende Beträge offen stehen:

Beitrag für 06/02 – 12/02	8 x 44 €	352,00 €
Bearbeitungsgebühren		5,00 €
Summe		**357,00 €**

Wir bitten freundlicherweise um Ausgleich innerhalb der nächsten 10 Tage auf unser Konto oder in bar.

Nach fruchtlosem Fristablauf sehen wir uns leider gezwungen die erforderlichen rechtlichen Schritte gegen Sie einzuleiten.

Mit freundlichen Grüßen

Verlag für Büroliteratur GmbH

i.V. *Wolfram Icks*
Wolfram Icks

Aufgaben:

1. Wieso bezeichnet man die erste Mahnung auch als Zahlungserinnerung?

2. Lesen Sie die „Letzte Mahnung" der Firma Newsletter für die Industrie GmbH. Welche Ausdrücke klingen für Sie nicht kundenorientiert? Bitte begründen Sie kurz, warum.

Lösungen:

1. Der Kunde soll daran erinnert werden, dass er es versäumt hat, eine Rechnung zu begleichen. Das kommt leider allzu häufig vor. Vielen Kunden ist das durchaus peinlich und sie reagieren sofort auf die Zahlungserinnerung. Das Wort „Mahnung" ruft in vielen Menschen das Bild einer strengen Person hervor, die mit erhobenem Zeigefinger den „Übeltäter" ermahnt. Das Verhältnis zwischen dem Lieferanten und dem Kunden sollte normalerweise partnerschaftlich sein. Dazu passt eine „Ermahnung" nicht. Eine Erinnerung, versäumtes nachzuholen ist neutraler. Jemand, der erinnert wird, hat ein besseres Gefühl, als jemand, der ermahnt wird.

2. (1) „nach Durchsicht unserer Unterlagen mussten wir feststellen, dass hier folgende Beträge offen stehen:
   Dieser ganze Satz klingt nach Bürokratendeutsch. „mussten wir feststellen" – wer hat sie dazu gezwungen, es zu müssen? Warum nicht sachlicher: „Wir haben festgestellt dass..."? Die Einleitung „nach Durchsicht unserer Unterlagen" zeugt nicht von einem kreativen Kommunikationsstil. So schreibt man, wenn man überhaupt keine Ideen hat. Außerdem verstehe ich nicht, wieso diese Durchsicht gleich zu einer letzten Mahnung führt, zumal die Beträge seit acht Monaten nicht beglichen sind. „...dass hier folgende Beträge offen stehen" Wenn in der Wohnung Türen offen stehen, dann zieht es. Was geschieht, wenn „hier Beträge offen stehen"?

   (2) Wir bitten freundlicherweise...
   Wer bittet, ist immer freundlich. Hier handelt es sich um eine Scheinhöflichkeit, die eher ironisch klingt und den Empfänger des Briefes nicht ernst nimmt.

   (3) Nach fruchtlosem Fristablauf sehen wir uns leider gezwungen die erforderlichen rechtlichen Schritte gegen Sie einzuleiten.
   Welcher Kunde geht noch einmal zu einem Lieferanten, der ihm angedroht hat, rechtliche Schritte „gegen Sie einzuleiten"? Es mag sein, dass die Angst vor rechtlichen Schritten den Kunden dazu bewegt, endlich zu zahlen. In den meisten Fällen folgt auf eine solche „letzte Mahnung" auch die „letzte Zahlung".

6.3.16 Mahnung

```
Kurz und Knapp KG, Postfach, 9 55667 Cedorf

Herrn
Amadeus Augustin
Waldweg 5

12345 Astadt
```

Mahnung

```
Sehr geehrter Herr Augustin,

bei der Durchsicht unserer Bücher stellten wir fest, dass Ihre Rechnung
vom 10. Oktober diesen Jahres noch offen ist. Das bedeutet, dass nach
Verstreichung des Ihnen eingeräumten Zahlungsziels von 30 Tagen leider
bisher noch kein Geldeingang auf unserem Konto zu verzeichnen war.

Aus diesem Grunde sehen wir uns gezwungen Ihnen diese Mahnung zu
schicken. Sie ist verbunden mit der Aufforderung zur Begleichung des
offenen Betrages in Höhe von

                        598,00 €

bis spätestens zum 30. dieses Monats.

Sollten Sie dieser Aufforderung nicht fristgerecht nachkommen, müssen
wir leider weitere Maßnahmen einleiten. Wir hoffen, dass Sie es nicht
so weit kommen lassen und verbleiben

mit freundlichen Grüßen

Kurz und Knapp KG
```

Wendelinus Knapp

Aufgaben:

Lesen Sie den Brief auf Seite 111 aufmerksam durch und lösen Sie dann die folgenden Aufgaben:

1. Was ist das Ziel des Verfassers?
2. Mit welchen Mitteln versucht der Verfasser sein Ziel zu erreichen?
3. Welche Gefühle und Reaktionen lösen die folgenden Formulierungen bei Ihnen aus?

Formulierung	Meine Gefühle und Reaktionen
Bei der Durchsicht unserer Bücher stellten wir fest, dass Ihre Rechnung vom 10. Oktober diesen Jahres noch offen ist	
Das bedeutet, dass nach Verstreichung des Ihnen eingeräumten Zahlungsziels von 30 Tagen leider bisher noch kein Geldeingang auf unserem Konto zu verzeichnen war.	
Aus diesem Grunde sehen wir uns gezwungen, Ihnen diese Mahnung zu schicken.	
Verbunden mit der Aufforderung zur Begleichung des ...	
Sollten Sie dieser Aufforderung nicht fristgerecht nachkommen, müssen wir leider weitere Maßnahmen einleiten.	
Wir hoffen, dass Sie es nicht so weit kommen lassen und verbleiben...	
mit freundlichen Grüßen	

4. Welchen Eindruck gewinnen Sie aufgrund des Briefes von der Kurz und Knapp KG?

5. Welche Regeln leiten Sie für Ihre eigene Korrespondenz aus diesem Fall ab? Nennen Sie mindestens drei.

6. Formulieren Sie den Brief neu damit er „ankommt".

6.3 Praxisbeispiele von A – Z

Lösungshinweise:

1. Der Verfasser möchte, dass Herr Augustin endlich seine Rechnung vom 10. Oktober begleicht.

2. Der Verfasser versucht sein Ziel mit Belehrungen, Drohungen und Einschüchterungen zu erreichen. Beispiele: „Bei der Durchsicht unserer Bücher stellten wir fest... Das bedeutet...", „Sollten Sie dieser Aufforderung nicht nachkommen, sehen wir uns gezwungen, weitere Maßnahmen einzuleiten. Wir hoffen, dass Sie es nicht so weit kommen lassen..."

3.

Formulierung	Meine Gefühle und Reaktionen
Bei der Durchsicht unserer Bücher stellten wir fest, dass Ihre Rechnung vom 10. Oktober diesen Jahres noch offen ist	Ich sehe den Buchhalter, wie er mit Ärmelschonern an seinem antiken Schreibtisch sitzt und verstaubte Bücher durchsieht. Jedes Mal, wenn er einen Fehler findet, freut er sich. Das muss schon eine sehr verstaubte Firma sein, bei der ich da etwas bestellt habe.
Das bedeutet, dass nach Verstreichung des Ihnen eingeräumten Zahlungsziels von 30 Tagen leider bisher noch kein Geldeingang auf unserem Konto zu verzeichnen war.	Wozu dieser Satz? Er bringt keine neuen Erkenntnisse. Übrigens, wie „räumt" man ein Zahlungsziel „ein"? Macht das der Buchhalter selbst, indem er alte Schubladen öffnet und dann die Zahlungsziele dort hineinräumt? Wie effizient arbeitet diese Firma sonst?
Aus diesem Grunde sehen wir uns gezwungen, Ihnen diese Mahnung zu schicken.	Jetzt kommt der Hammer. Sie sehen sich „gezwungen". Wer zwingt sie? Ich doch nicht. Gut, ich habe vergessen eine Rechnung zu begleichen. Das kann jedem passieren. Aber deswegen „zwinge" ich doch niemanden, etwas zu tun, was er nicht ohnehin gerne tut.
Verbunden mit der Aufforderung zur Begleichung des ...	Typisch „Ungerei". Bestimmt ist der Buchhalter auch noch für die Korrespondenz zuständig und schreibt sie am Stehpult. Würde mich nicht wundern. Oder der Chef schreibt sie, nach dem Motto: „Fräulein, zum Diktat".
Sollten Sie dieser Aufforderung nicht fristgerecht nachkommen, müssen wir leider weitere Maßnahmen einleiten.	Hammer Numero zwei: Etwas Schlimmes androhen. Ich weiß zwar nicht genau, was die „einleiten", aber es hört sich nicht sehr positiv an. Jetzt wird Stärke demonstriert. Rechtsanwalt? Inkassounternehmen? Denen trau ich alles zu. Also: am besten gleich bezahlen.

Wir hoffen, dass Sie es nicht so weit kommen lassen und verbleiben...	Ich hoffe, dass ich mit denen nie mehr etwas zu tun habe. Das nächste Mal kaufe ich bei der Konkurrenz ein. Und die sollen sehen, wo sie „verbleiben". Schließlich muss ich mir von niemandem drohen lassen.
mit freundlichen Grüßen	Danke für die freundlichen Grüße. Standardfloskel. Von Freundlichkeit ist ansonsten nirgendwo etwas festzustellen.

4. Ich halte die Kurz und Knapp AG für ein Unternehmen, das noch nie etwas von Kundenorientierung gehört hat. Zum Glück gibt es andere. Und wenn ich wieder einen Auftrag zu vergeben habe, wird ihn die Kurz und Knapp AG bestimmt nicht erhalten.

5. (1) Geschäftskorrespondenz sollte freundlich sein. Bitte und Danke sind wichtige Wörter

   (2) Belehrungen kommen bei den Kunden nicht gut an.

   (3) Drohungen sind ein absolut sicheres Mittel, um Kunden zu verlieren.

   (4) Jeder Brief ist eine Visitenkarte. Der Kunde /die Kundin macht sich aufgrund des Briefstils ein Bild über das Unternehmen.

   (5) Freundlichkeit ist auch dann wichtig, wenn der Geschäftspartner/ die Geschäftspartnerin einen Fehler gemacht hat.

   (6) Man sollte die eigenen Wünsche und Forderungen klar aussprechen und freundlich verpacken.

6. Siehe Seite 158.

6.3.17 Objektbewachung

Hab Acht, Am Tor 32, 12345 Neudorf

Hausverwaltungen Meier
Herrn Kurt Meier
Sundgauallee 71

34567 Nordhofen

Objektbewachung in Nordhofen

Sehr geehrter Herr Meier,

wir beziehen uns auf Ihr Schreiben vom 9. April 2002.

Hiermit teilen wir Ihnen mit, dass wir in Nordhofen bisher keine Bewachungen durchführen.

Wir sind jedoch gerne bereit, Nordhofen in unsere Bewachungstour aufzunehmen, wenn Sie damit einverstanden sind, dass wir Ihnen die höheren Fahrtkosten für unser Bewachungsteam in Rechnung stellen.

Als Anlage übersenden wir Ihnen ein Antragsformular.

Sofern Sie jedoch den Wunsch haben, Ihr Objekt von einem Bewachungsunternehmen in der näheren Umgebung observieren zu lassen, schicken wir Ihnen gerne die Adresse unseres Partnerunternehmens.

Ihrer diesbezüglichen Rückantwort sehen wir mit Interesse entgegen.

Mit freundlichen Grüßen

i. A. Fischer

Martin Fischer

Aufgaben:

Lesen Sie den Brief auf Seite 115 und lösen Sie die folgenden Aufgaben.

1. Weshalb hat Herr Fischer vom Hab Acht-Wachdienst den Brief geschrieben?
2. Fassen Sie die Sachaussage des Briefes kurz in eigenen Worten zusammen.
3. Welcher Appell steckt in dem Brief? Begründen Sie Ihre Antwort.
4. Wie beurteilen Sie den Beziehungsaspekt des Briefes?
5. Welche Selbstkundgabe entnehmen Sie den folgenden Formulierungen

Formulierung	Mögliche Selbstkundgabe
...wir beziehen uns auf Ihr Schreiben vom 9. April 2002	
Hiermit teilen wir Ihnen mit, dass...	
Wir sind jedoch gerne bereit..., wenn Sie damit einverstanden sind, dass wir Ihnen...	
Sofern Sie jedoch den Wunsch haben, Ihr Objekt von... schicken wir Ihnen gerne die Adressen unserer Partnerunternehmen.	
Ihrer diesbezüglichen Rückantwort sehen wir mit Interesse entgegen	

6. Gestalten Sie Herrn Fischers Formulierungen professioneller.

So formuliert Herr Fischer	So formulieren Sie professioneller
...wir beziehen uns auf Ihr Schreiben vom 9. April 2002	
Hiermit teilen wir Ihnen mit, dass wir in Nordhofen bisher keine Bewachungen durchführen.	
Wir sind jedoch gerne bereit..., wenn Sie damit einverstanden sind, dass wir Ihnen...	
Sofern Sie jedoch den Wunsch haben, Ihr Objekt von... schicken wir Ihnen gerne die Adressen unserer Partnerunternehmen.	
Ihrer diesbezüglichen Rückantwort sehen wir mit Interesse entgegen	

7. Schreiben Sie den Brief neu, damit er ankommt.

Lösungshinweise:

1. Der Brief ist eine Antwort auf die Anfrage der Firma Meier, Hausverwaltungen. Firma Meier hat anscheinend um ein Angebot für eine Objektbewachung gebeten.

2. Die Firma Hab Acht – Wachdienst führt in Nordhofen bisher keine Bewachungen durch.
   Sie ist bereit, Nordhofen in die Bewachungstour aufzunehmen, wenn Fa. Meier die höheren Fahrtkosten übernimmt.
   Fa. Hab Acht – Wachdienst schickt Fa. Meier gern die Adressen des Partnerunternehmens.

3. Es gibt einen offenen Appell: die Fa. Meier soll sich melden und mitteilen, ob sie die Adresse des Partnerunternehmens haben will oder sie soll das Antragsformular ausfüllen und zurückschicken. Der eigentliche Appell ist versteckt. Er heißt: Wir möchten in Nordhofen keine Bewachung durchführen. Bitte lassen Sie uns in Ruhe. Dieser Schluss ergibt sich aus der Einschränkung „sofern Sie damit einverstanden sind, dass wir Ihnen die höheren Fahrtkosten in Rechnung stellen". So schreibt niemand, der einen Neukunden gewinnen will. Der Zusatz „Sofern Sie den Wunsch haben...schicken wir Ihnen gerne die Adresse unseres Partnerunternehmens" zeigt, dass kein großes Interesse an einem weiteren Kontakt besteht. Der potenzielle Kunde müsste wieder aktiv werden. Und dazu hat er wahrscheinlich keine Lust mehr.

4. Der Brief ist in einem partnerschaftlichen Stil verfasst, wenn er auch etwas umständlich formuliert ist und wenn deutlich wird, dass kein Interesse an einer Geschäftsbeziehung vorliegt. Hier kommunizieren gleichwertige Partner.

5.

Formulierung	Mögliche Selbstkundgabe
...wir beziehen uns auf Ihr Schreiben vom 9. April 2002	*Wir arbeiten umständlich, weil wir Dinge formulieren, die im Briefkopf ersichtlich sind.*
Hiermit teilen wir Ihnen mit, dass...	*Auch das ist umständlich. Ich sehe, dass mir etwas mitgeteilt wird. Das muss nicht extra geschrieben werden.*
Wir sind jedoch gerne bereit..., wenn Sie damit einverstanden sind, dass wir Ihnen...	*Ein Geschäft mit Ihnen passt nicht in unsere Planung, da bauen wir erst einmal eine Hürde auf und verlangen Zugeständnisse.*
Sofern Sie jedoch den Wunsch haben, Ihr Objekt von... schicken wir Ihnen gerne die Adressen unserer Partnerunternehmen.	*Am besten, Sie lassen uns ganz in Ruhe.*
Ihrer diesbezüglichen Rückantwort sehen wir mit Interesse entgegen	*Altertümlich und nichtssagend. Ist das der Arbeitsstil?*

6.

So formuliert Herr Fischer	So formulieren Sie professioneller
...wir beziehen uns auf Ihr Schreiben vom 9. April 2002	*- am professionellsten ist es, wenn Sie hier gar nichts schreiben*
Hiermit teilen wir Ihnen mit, dass wir in Nordhofen bisher keine Bewachungen durchführen.	*In Nordhofen führen wir bisher keine Bewachungen durch.*
Wir sind jedoch gerne bereit..., wenn Sie damit einverstanden sind, dass wir Ihnen...	*Natürlich kommen wir Ihrem Wunsch gerne nach und nehmen Nordhofen in unsere Bewachungstour auf.*
Sofern Sie jedoch den Wunsch haben, Ihr Objekt von... schicken wir Ihnen gerne die Adressen unserer Partnerunternehmen.	*Entweder Sie schreiben gar nichts oder sie nennen hier die Adresse. Wozu noch eine Anfrage abwarten?*
Ihrer diesbezüglichen Rückantwort sehen wir mit Interesse entgegen	*Wenn eine Antwort die Reaktion auf eine Frage ist, was ist dann eine Rückantwort? Streichen Sie solchen Unsinn aus Ihrem Sprachschatz.*

7. Siehe Seite 159.

6.3.18 Personalleasing

Zeitflex GmbH, Postfach , 66655 Überall

Trading GmbH
Personalleitung
Postfach 12 22

33333 Hennedorf

Gestalten Sie Ihren Personaleinsatz flexibel durch flexibles Personalleasing

Sehr geehrte Damen und Herren,

sollten auch Sie die Absicht verfolgen, Ihre Personalkosten abzusenken, dann können Sie das durch eine gemeinsame Zusammenarbeit mit uns in absehbarer Zeit erfolgreich zur Umsetzung bringen.

Wenn Sie in Ihrem Unternehmen eine Untersuchung über die Leerzeiten, die Sie ja auch ausbezahlen müssen, durchführen, dann kommen Sie aller Wahrscheinlichkeit nach zu dem Ergebnis, dass Sie manchmal zu viele Mitarbeiter am Arbeitsplatz haben, während gleichzeitig zu einem anderen Zeitpunkt zu wenige Mitarbeiter am Arbeitsplatz vorhanden sind.

Sobald Sie den Entschluss fassen, diese Auf- und Abschwankungen abzubauen, können wir Ihnen Unterstützung gewähren. Nach unseren Erfahrungen beläuft sich eine Kosteneinsparung beim flexiblen Einsatz von Leih-Arbeitnehmern in einer Größenordnung von bis zu zwanzig Prozent.

Wir geben Ihnen die Zusicherung, dass wir Ihnen jederzeit eine geeignete Unterstützung anbieten. Sie müssen uns nur eine entsprechende Mitteilung zukommen lassen.

Mit freundlichen Grüßen

Zeitflex GmbH Personalleasing

Andreas Brunetti

Andreas Brunetti

Aufgaben:

1. Finden Sie für die folgenden Ausdrücke kürzere und elegantere Lösungen:

So ist es umständlich ausgedrückt	So wäre es kürzer und besser
in Abzug bringen	
eine Anordnung erlassen	
eine Durchsicht vornehmen	
einen Einkauf tätigen	
erbringen Gewährleistung	
eine Untersuchung durchführen	
ein Wagnis eingehen	
aller Wahrscheinlichkeit nach	
eine Zusicherung geben	
die Regelung durchführen	

2. Vereinfachen Sie die Doppelmöppe:

Schreiben Sie statt	besser
Alternativmöglichkeit	
anbetreffen	
einsparen	
auseinander dividieren	
kann möglich sein	
Rückantwort	
Telefonanruf	
Zusammenaddieren	
mit einbeziehen	

3. Betrachten Sie den Brief auf Seite 119. und lösen Sie die folgenden Aufgaben:

   (1) Unterstreichen Sie alle Ausdrücke, die lang und umständlich sind.
   (2) Unterstreichen Sie die Doppelmöppe
   (3) Formulieren Sie den Brief kurz, knapp und elegant.

6.3 Praxisbeispiele von A – Z

Lösungen:

1:

So ist es umständlich ausgedrückt	So wäre es kürzer und besser
in Abzug bringen	abziehen
eine Anordnung erlassen	anordnen
eine Durchsicht vornehmen	durchsehen
einen Einkauf tätigen	einkaufen
erbringen Gewährleistung	garantieren
eine Untersuchung durchführen	untersuchen
ein Wagnis eingehen	wagen
aller Wahrscheinlichkeit nach	wahrscheinlich
eine Zusicherung geben	zusichern
die Regelung durchführen	regeln

2:

Schreiben Sie statt	besser
Alternativmöglichkeit	Alternative, weitere Möglichkeit
anbetreffen	Angehen, betreffen
einsparen	sparen
auseinander dividieren	dividieren, teilen, auseinander nehmen
kann möglich sein	Kann sein, ist möglich
Rückantwort	Antwort
Telefonanruf	Anruf, Telefonat
Zusammenaddieren	Addieren, zusammen zählen
mit einbeziehen	einbeziehen

1. Unterstreichen Sie alle Ausdrücke, die lang und umständlich sind.

   uns in absehbarer Zeit erfolgreich zur Umsetzung bringen.
   Wenn Sie in Ihrem Unternehmen eine Untersuchung über die Leerzeiten, die Sie ja auch ausbezahlen müssen, ... aller Wahrscheinlichkeit nach zu dem Ergebnis, ...
   Sobald Sie den Entschluss fassen, diese Auf- und Abschwankungen abzubauen, können wir Ihnen Unterstützung gewähren. ... in einer Größenordnung von ....
   Wir geben Ihnen die Zusicherung, dass wir ... eine geeignete Unterstützung anbieten.
   Sie müssen uns nur eine entsprechende Mitteilung zukommen lassen.

2. Unterstreichen Sie die Doppelmöppe

   sollten auch Sie die Absicht verfolgen, Ihre Personalkosten abzusenken, dann können Sie das durch eine gemeinsame Zusammenarbeit mit uns ...
   ... ausbezahlen ... Auf- und Abschwankungen ... Kosteneinsparung ...

3. Siehe Seite 160.

6.3.19 Prämienzusendung

Extracard – Prämiendienst Postfach 09 34567 Adorf

Firma
Emil Heussner
Versicherungen
Schlossallee 22

45678 Bestadt   Adorf, 11. April 2002

**Herzlichen Dank für Ihre Bestellung vom 9. April 2002
Hier ist Ihre Prämie!**

Sehr geehrter Herr Heussner!

Für Ihre Bestellung aus unserem großen Prämienangebot danken wir Ihnen ganz herzlich!

Wir freuen uns, Ihnen Ihre Prämie zu überreichen:

Kaffeemaschine

Wir hoffen, dass Ihnen Ihre Extraprämie gefällt und dass Sie auch zukünftig Extrapunkte für weitere tolle Prämien sammeln werden.

Dürfen wir Sie bei dieser Gelegenheit noch darauf aufmerksam machen, dass auch in nächster Zeit wieder besonders attraktive Extrapunkte-Angebote geplant sind, bei welchen Sie 20, 50, 100 oder noch mehr Extrapunkte für Ihre Vermittlungstätigkeit erhalten. Achten Sie auf die wöchentlichen Infos in unserem Newsletter!

Und nun wünschen wir Ihnen auch weiterhin viel Vergnügen mit Ihrer Extracard und den attraktiven Prämien!

Mit herzlichen Grüßen   **Beilage:**
Ihr   **Ihre bestellte Prämie**

Extracard-Team

Aufgaben:

1. Was ist das Ziel des Briefes, den das Extracard-Team geschrieben hat?
2. Was erwarten Sie als Empfänger, wenn Ihnen jemand einen solchen Brief schreibt?
3. Wie wirkt der Brief auf Seite 123 auf Sie?
4. Welche Gefühle lösen die folgenden Formulierungen bei Ihnen aus:

Formulierung	Meine Gefühle
Für Ihre Bestellung aus unserem großen Prämienangebot danken wir Ihnen ganz herzlich!	
Wir freuen uns, Ihnen Ihre Prämie zu überreichen: **Kaffeemaschine**	
Achten Sie auf die wöchentlichen Infos in unserem Newsletter!	
Und nun wünschen wir Ihnen auch weiterhin viel Vergnügen mit Ihrer Extracard und den attraktiven Prämien!	
Mit herzlichen Grüßen Ihr *Extracard-Team*	

5. Schreiben Sie den Brief in einem persönlichen Stil, damit er beim Empfänger auch wirklich „ankommt".

Lösungshinweise:

1. Ziel des Briefes ist es, Herrn Heussner zu motivieren, weiterhin Extrapunkte zu sammeln, damit er weitere Prämien erhält. Dazu muss Herr Heussner weitere Versicherungen vermitteln. Im wöchentlichen Newsletter wird er über aktuelle Sonderaktionen informiert.

2. Ich erwarte einen möglichst persönlichen Brief, in welchem der Verfasser mir für die geleistete Arbeit dankt und meinen Einsatz würdigt.

6.3 Praxisbeispiele von A – Z

3. Auf mich wirkt der Brief wie ein wenig professionelles Rundschreiben, das zwar mit dem Namen des Empfängers personifiziert ist, ansonsten aber sehr unpersönlich anmutet: Es ist nicht persönlich unterschrieben, die Bezeichnung für die bestellte Prämie steht ziemlich beziehungslos mitten im Text. Mag sein, dass es sich um einen vorgedruckten Brief handelt, in den nur die Adresse und die Bezeichnung der Prämie eingedruckt wird. Die Frage ist, wozu dann das Ganze? Außerdem ist der Brief im „Wir-Stil" verfasst:

- Wir freuen uns,
- wir danken ganz herzlich,
- wir hoffen und
- wir dürfen darauf aufmerksam machen
- wir wünschen auch weiterhin viel Vergnügen.

Und dann noch die vielen unnötigen Ausrufezeichen. Ist das deren Auffassung von Kundenorientierung?

4.

Formulierung	Meine Gefühle
Für Ihre Bestellung aus unserem großen Prämienangebot danken wir Ihnen ganz herzlich!	*Schön, vielleicht ein bisschen dick aufgetragen, aber schön*
Wir freuen uns, Ihnen Ihre Prämie zu überreichen: **Kaffeemaschine**	*Aha, ein „Allerweltsbrief", den jeder erhält; lediglich das Wort **Kaffeemaschine** wechselt, wenn jemand etwas anderes bestellt. Das relativiert meine Freude.*
Achten Sie auf die wöchentlichen Infos in unserem Newsletter!	*Was muss! ich tun?*
Und nun wünschen wir Ihnen auch weiterhin viel Vergnügen mit Ihrer Extracard und den attraktiven Prämien!	*Soll das ein Befehl sein? Oder wie muss ich das Ausrufezeichen interpretieren? „Haben Sie gefälligst Vergnügen zu haben!"*
Mit herzlichen Grüßen Ihr *Extracard-Team*	*Bei so viel Herzlichkeit wäre die Unterschrift eines Menschen ganz nett. Viel persönlicher auf jeden Fall.*

5. Siehe Seite 161.

6.3.20 Reklamation eines Kunden

Auto Meywald GmbH, 13579 Altstadthausen

Norbert Wolfsberger
Am Sportfeld 7

13579 Altstadthausen

Ihre Reklamation wegen des CD-Wechslers

Sehr geehrter Herr Wolfsberger,

wie Sie uns per Fax mitgeteilt haben, funktioniert der CD-Wechsler in Ihrem Fahrzeug noch immer nicht richtig, obwohl Sie deshalb erst letzte Woche bei uns zum Nachsehen waren.

Da können wir nichts machen. Unser Einbauspezialist, Herr Meyer, hatte damals bereits leichte Unregelmäßigkeiten beim Wechseln der CDs festgestellt, weil Sie Ihr Fahrzeug aber unbedingt mitnehmen wollten, konnte er die Sache nicht mehr genauer untersuchen.

Wie gesagt, wir können Ihnen im Augenblick nicht weiter helfen. Wir müssten höchstens eine Ersatzanlage beim Lieferanten anfordern. Dann könnten wir Ihre defekte Anlage ausbauen und die neue Anlage im Tausch einbauen. Dazu müssen Sie uns aber Ihr Auto zur Verfügung stellen. Von den Kosten her wäre alles noch durch die Garantie abgedeckt.

Mit freundlichen Grüßen

Ihre
Meywald GmbH

Alfred Meywald

6.3 Praxisbeispiele von A – Z

Aufgaben:

Lesen Sie den Brief auf Seite 126 aufmerksam durch. Beantworten Sie dann die folgenden Fragen:

1. Was möchte der Verfasser mit seinem Brief erreichen?
2. Wie drückt der Verfasser sein Verständnis für das Anliegen des Kunden aus?
3. Wie wäre die psychologische Reaktion bei Ihnen als Leser?
4. Welche Worte wären aus Ihrer Sicht in diesem Fall angemessen?
5. Schreiben Sie den Brief neu, damit er ankommt.

Lösungshinweise:

1. Er reagiert auf ein Fax seines Kunden, in welchem der Kunde Probleme mit dem CD-Wechsler angemahnt hat.

2. Der Verfasser zeigt kein Verständnis für das Problem des Kunden. Unterschwellig schiebt er ihm das Verschulden für das Problem zu mit den Worten: „weil Sie Ihr Fahrzeug aber unbedingt mitnehmen wollten, konnte er die Sache nicht mehr genauer untersuchen." Weiterhin lässt der Verfasser den Kunden merken, dass er ihm (ungeliebte?) Arbeit macht. So interpretiere ich die Worte: „Wir müssten höchstens eine Ersatzanlage beim Lieferanten anfordern. Dann könnten wir..." All das sind Detail-Fragen, die den Kunden nicht zu belasten brauchen.

3. Wäre ich der Kunde, so würde ich mich über diese Art ärgern. Mein Auto-HIFI-Center ist ein Dienstleistungsunternehmen, von dem ich erwarte, dass es mir hilft, wenn ich ein Problem mit meiner HIFI-Anlage im Auto habe. Deshalb habe ich sie schließlich dort gekauft. Wenn die aber nicht so wollen, wie ich – es gibt ja noch andere HIFI-Center. Außerdem stört es mich (vielleicht bin ich auf diesem Gebiet besonders empfindlich), wenn mir jemand vorschreibt: „Dazu müssen Sie uns aber..." Ich bin Kunde. Und ich muss überhaupt nichts! Natürlich will ich, dass mein Problem behoben wird. Aber einen Kunden fragt man. Einem Kunden erteilt man keine Befehle.

4. Ein Wort des Bedauerns, „es tut uns leid..." oder Ähnliches. Dann das Angebot, Abhilfe zu schaffen. Die Bitte, das Auto vorbei zu bringen - und vielleicht noch die Frage, ob das für mich so in Ordnung wäre.

5. Siehe Seite 162.

6.3.21 Sonderangebot

Farben Mattmüller, Postfach 32, 56789 Hausen

Sehr geehrter Herr Freiburger,

wir erlauben uns, Ihnen folgende Produkte unseres Hauses freibleibend anzubieten:

Innenweiß

schneeweiß, matt

Waschbest. Nach DIN
emissions- und lösemittelfrei,

Ausreichend für mind. 60 m^2
bei einmaligem Anstrich
Stiftung Warentest Heft 9/99 „GUT"

VE: 40 x **10 Liter**

Regulärpreis: 22,22 €/Geb.
      Sonderpreis   18,88 €/ Geb.

Lieferung: ab 3 Pal „frei Haus"
Lieferzeit: kurzfristig;
Zahlung: bekannt – 30 Tagen Valuta.

Wir würden uns freuen, könnte Ihnen unsere heutige Offerte zusagen und wir mit Ihren gesch. Aufträgen beehrt werden. Gerne für Sie tätig verbleiben wir zwischenzeitlich

Mit freundlichen Grüßen

i.V.

Dieses Schreiben wurde per Computer erstellt und ist ohne Unterschrift gültig

Aufgaben:

1. Sachinhalt: Worum geht es in dem Brief?
2. Appell: Wozu möchte der Verfasser den Empfänger veranlassen?
3. Selbstkundgabe: Was gibt der Verfasser mit dem Brief über sich bekannt?
4. Beziehung: Was hält der Verfasser vom Empfänger?
5. Schreiben Sie es treffender

So schreibt der Verfasser des Werbebriefes	So schreiben Sie es treffender
Wir erlauben uns, Ihnen folgende Produkte unseres Hauses freibleibend anzubieten	
Wir würden uns freuen, könnte Ihnen unsere heutige Offerte zusagen und wir mit Ihren gesch. Aufträgen beehrt werden	
Gerne für Sie tätig...	
...verbleiben wir zwischenzeitlich mit freundlichen Grüßen	

6. Schreiben Sie den Brief in einem zeitgemäßen Stil

Lösungshinweise:

1. Es geht um ein Sonderangebot. Der Verfasser informiert darüber, dass es die Farbe Innenweiß bei ihm zum Sonderpreis von 18,88 € gibt. Der Regulärpreis beträgt 22,22 € für ein Gebinde. Bei einer Abnahme von drei Paletten oder mehr, erfolgt die Lieferung „frei Haus". Weiterhin beschreibt der Verfasser das Produkt und nennt Produktvorteile:
„schneeweiß, matt; Waschbest. Nach DIN, emissions- und lösemittelfrei; ausreichend für mind. 60 m² bei einmaligem Anstrich; Stiftung Warentest Heft 9/99 „GUT".

Weiterhin nennt er die Lieferbedingungen und teilt mit, dass er sich freut, wenn der Empfänger des Briefes „ihn mit seinen geschätzten Aufträgen beehrt", also, wenn er von diesem Angebot Gebrauch macht und bestellt.

2. Wie bei allen Werbebriefen und Sonderangeboten möchte der Verfasser den Empfänger, Herrn Freiburger, zu einer Bestellung veranlassen. Er drückt das aus in dem Satz:
„Wir würden uns freuen, könnte Ihnen unsere heutige Offerte zusagen und wir mit Ihren gesch. Aufträgen beehrt werden. Gerne für Sie tätig verbleiben wir zwischenzeitlich..."

3. Es ist einiges, was der Empfänger des Briefes in die Selbstkundgabe hineininterpretieren kann. Beispiele:

(1) Form
Die Form des Briefes ist ungewöhnlich. Er beginnt mit einer persönlichen Ansprache „Sehr geehrter Herr Freiburger" und endet mit einer (zwar missglückten aber vom Grundsatz her üblichen) Schlussformel. Der Brief endet mit „i.V.", die Unterschrift fehlt. Stattdessen erscheint der Zusatz *„Dieses Schreiben wurde per Computer erstellt und ist ohne Unterschrift gültig"*

Das Ganze vermittelt einen wenig professionellen Eindruck. Da wurde entweder etwas mit ganz heißer Nadel gestrickt oder der Verfasser hat sich keine Mühe gegeben oder aber der Verfasser kann es einfach nicht besser. Wie auch immer, sehr seriös wirkt das Ganze nicht.

(2) Abkürzungen
Der Verfasser verwendet gerne Abkürzungen: „Waschbest.", „mind." „VE", „Geb.", „Pal", „gesch." Auf mich wirkt das, als ob der Verfasser sich nicht viel Zeit für den Brief nehmen wollte. Stattdessen darf ich als Leser mir überlegen, was mit den einzelnen Abkürzungen gemeint sein sollte. Grundsätzlich finde ich es schön, wenn jemand sich kurz fasst und nicht lang um den heißen Brei herumredet. Allerdings ist es weit über das Ziel hinaus geschossen, wenn fast in jedem Satz eine Abkürzung verwendet wird. Zumal Abkürzungen meist mehrdeutig sein können. So wichtig scheint dem Verfasser das Angebot also nicht zu sein, sonst hätte er sich zumindest die Zeit genommen, alle Wörter auszuschreiben.

(3) Schluss
Die Schlussformel: „i.V." ohne Unterschrift und der Zusatz *„Dieses Schreiben wurde per Computer erstellt und ist ohne Unterschrift gültig"*, setzt dem ganzen die Krone auf. Unpersönlicher geht es nicht. So schreibt man nicht an Kunden. Bei Behörden mag man solche Formulierungen noch hinnehmen, die wollen einem ja nichts verkaufen. Für Lieferanten ist sie nicht zu empfehlen. Für seine Kunden sollte man sich Zeit nehmen. Am besten wäre eine persönliche Unterschrift. Geht das nicht, wäre eine eingescannte Unterschrift eine weitere Möglichkeit. Anscheinend kann der Verfasser nicht richtig mit dem Computer umgehen. Das Angebot mit der persönlichen Ansprache: „Sehr geehrter Herr Freiburger" wird so zum bloßen unpersönlichen Rundschreiben degradiert.

(4) Ansprechpartner
Selbst wenn ich als Kunde von der Sparpreisaktion profitieren wollte: an wen sollte ich mich wenden? Es gibt weder einen Ansprechpartner noch eine Telefon- oder Faxnummer. Wäre ich schon Kunde, müsste ich die Daten aus den Unterlagen heraussuchen. Eine weitere Hürde, die mir der Lieferant auf den Weg legt. Von Kundenfreundlichkeit hat der anscheinend noch nichts gehört.

6.3 Praxisbeispiele von A – Z

(5) Stil

Formulierungen wie: „*wir erlauben uns...*", „*Wir würden uns freuen, könnte Ihnen unsere heutige Offerte zusagen und wir mit Ihren gesch. Aufträgen beehrt werden.*", „*Gerne für Sie tätig verbleiben wie zwischenzeitlich...*" klingen zumindest altertümlich. Kein Mensch spricht heute so. Ist es die totale Unterwürfigkeit unter die Wünsche des Kunden? Dagegen sprechen die Abkürzungen, der Schluss und der fehlende Ansprechpartner. Ist es Anbiederung? Das mag ich schon gar nicht. Ist es ein weiteres Zeichen fehlender Professionalität? Weshalb sollte ich dann gerade bei diesem Lieferanten bestellen? Vielleicht ist er in der Abwicklung seiner Geschäfte genau so dilettantisch, wie im Verfassen seiner Briefe...

(6) Fehler

Bei den Zahlungskonditionen hat sich ein Fehler eingeschlichen: Statt „30 Tagen Valuta" müsste es richtig heißen: 30 Tage Valuta. In einem sonst perfekten Brief wäre das zu vernachlässigen. Hier verstärkt es den Eindruck des Dilettantismus.

4. Er schätzt seine Aufträge und möchte gerne damit „beehrt" werden. Der Schreibstil klingt unterwürfig, nicht partnerschaftlich. Insgesamt macht der Brief einen distanzierten, kundenunfreundlichen Eindruck.

5. Schreiben Sie es treffender

So schreibt der Verfasser des Werbebriefes	So schreiben Sie es treffender
Wir erlauben uns, Ihnen folgende Produkte unseres Hauses freibleibend anzubieten	Heute erhalten Sie ein besonderes Angebot.
Wir würden uns freuen, könnte Ihnen unsere heutige Offerte zusagen und wir mit Ihren gesch. Aufträgen beehrt werden	Sichern Sie sich den Preisvorteil und bestellen Sie noch heute.
Gerne für Sie tätig...	Wir freuen uns auf Ihre Nachricht.
...verbleiben wir zwischenzeitlich mit freundlichen Grüßen	Freundliche Grüße aus Hausen

6. Siehe Seite 163.

6.3.22 Werbung

QUESTO SB-GROSSMÄRKTE GmbH & Co. KG Postfach 1, 12345 Astadt

Ihr Zeichen   Ihre Nachricht vom   Unsere Nachricht vom   Unser Zeichen
Datum

Sehr verehrte Kundin,
sehr geehrter Kunde,

Werbung ist eine teure Angelegenheit. Allein die Portokosten für die Ihnen vertrauten QUESTO Werbeaussendungen betragen je Kunde jährlich ca. € 17,--. Die Kosten für den Druck und das Papier, die mit der Herstellung eines solchen Werbemediums verbunden sind, machen je Kunde noch einmal die gleiche Summe aus.

Zu unserem Bedauern mussten wir feststellen, dass wir offensichtlich nicht mehr zu den von Ihnen bevorzugten Geschäftspartnern gehören. Deshalb haben wir uns leider entschließen müssen, Ihnen die QUESTO-Post nicht mehr zuzustellen.

Ein Exemplar liegt jedoch jederzeit an unserem Kundeneingang für Sie bereit.

Wenn Sie uns die Freude machen, uns wieder regelmäßiger zu besuchen, werden Sie ganz automatisch auch wieder die QUESTO-Post erhalten.

Sie werden bei Ihrem Besuch feststellen, dass Ihr QUESTO-Markt und sein Leistungsangebot noch attraktiver geworden sind. Wir wissen, dass wir uns ständig um neue Kunden bemühen müssen, und wir wollen Ihnen auch mit diesem Schreiben vermitteln, dass wir dies nicht vergessen haben.

Mit freundlichen Grüßen

Ihre QUESTO-Geschäftsleitung

Aufgaben:

1. Welche Ziele will die QUESTO GmbH & Co. KG mit dem Brief erreichen?

2. Welchen Eindruck macht der Brief auf Sie? Belegen Sie Ihren Eindruck mit Beispielen aus dem QUESTO-Brief.

3. Wie wirken die folgenden Formulierungen der QUESTO GmbH & Co. KG auf Sie?

Formulierung der QUESTO GmbH & Co. KG	Mögliche Wirkung beim Empfänger
Sehr verehrte Kundin, sehr geehrter Kunde	
Werbung ist eine teure Angelegenheit	
Zu unserem Bedauern mussten wir feststellen, dass wir offensichtlich nicht mehr zu den von Ihnen bevorzugten Geschäftspartnern gehören.	
Deshalb haben wir uns leider entschließen müssen, Ihnen die QUESTO-Post nicht mehr zuzustellen.	
Wenn Sie uns die Freude machen, uns wieder regelmäßiger zu besuchen...	
... werden Sie ganz automatisch wieder die QUESTO-Post erhalten.	
Wir wissen, dass wir uns ständig um neue Kunden bemühen müssen und wir wollen Ihnen auch mit diesem Schreiben vermitteln, dass wir dies nicht vergessen haben."	

4. Wie beurteilen Sie die Beziehung zwischen Sender und Empfänger?

5. Was sollte die QUESTO GmbH & Co. KG aus Ihrer Sicht besser machen?

6. Schreiben Sie es treffender – formulieren Sie den Brief in einem zeitgemäßen Stil und vermeiden Sie die Fehler der QUESTO GmbH & Co. KG.

Lösungshinweise:

1. Sie will Kosten sparen, indem sie Kunden, die nicht genügend Umsatz bringen, keine Werbemittel mehr zuschickt.

2. Auf mich wirkt der Brief wie eine Mischung aus Belehrung, Rechtfertigung und Sanktion gegen einen „unrentablen" Kunden nach dem Motto: „das haben Sie davon, dass Sie nicht mehr bei uns kaufen".

   (1) die Belehrung: „Werbung ist eine teure Angelegenheit...", verbunden mit der Aufzählung der Kosten.

   (2) Rechtfertigung: „Zu unserem Bedauern mussten wir feststellen, dass wir offensichtlich nicht mehr zu den von Ihnen bevorzugten Geschäftspartnern gehören" „Wir wissen, dass wir uns ständig um neue Kunden bemühen müssen, und wir wollen Ihnen auch mit diesem Schreiben vermitteln, dass wir dies nicht vergessen haben."

   (3) Sanktion: „Deshalb haben wir uns leider entschließen müssen, Ihnen die QUESTO Post nicht mehr zuzustellen." – Verbunden mit dem Zuckerbrot: „Wenn Sie uns die Freude machen, uns wieder regelmäßiger zu besuchen..." – also: ich bin selbst Schuld, dass ich die Prospekte nicht mehr erhalte, hätte ich doch mehr eingekauft... (offen bleibt, ob ich die Prospekte überhaupt haben wollte).

   Insgesamt gefällt es mir nicht, wenn ich als Kunde gemaßregelt werden soll. Wir leben in einem freien Land. Jeder kann einkaufen, wann und wo er will. Die Werbepost hatte ich nie bestellt. Deshalb ist es mir egal, ob ich sie weiter erhalte. Im Gegenteil, ich bin froh, dass ich sie endlich nicht mehr im Briefkasten habe. Aus meiner Sicht wäre es besser gewesen, die hätten diesen Brief gar nicht geschrieben. Er kostet auch Porto, Druck und Papier. Wenn schon sparen, dann bitte richtig.

6.3 Praxisbeispiele von A – Z

3.

Formulierung der QUESTO GmbH & Co. KG	Mögliche Wirkung beim Empfänger
Sehr verehrte Kundin, sehr geehrter Kunde	„Sehr verehrte Kundin" ist eine Anrede, die heute nicht mehr gebräuchlich ist. Außerdem möchte ich gerne persönlich angesprochen werden.
Werbung ist eine teure Angelegenheit	Wie wahr, wie wahr. Aber das interessiert mich nicht.
Zu unserem Bedauern mussten wir feststellen, dass wir offensichtlich nicht mehr zu den von Ihnen bevorzugten Geschäftspartnern gehören.	Eine sehr altertümliche Formulierung. Hoffentlich ist die Ware nicht auch so staubig, wie die Korrespondenz.
Deshalb haben wir uns leider entschließen müssen, Ihnen die QUESTO-Post nicht mehr zuzustellen.	Kein Mensch muss müssen. Und schon gar nicht leider. Es ist der freie Entschluss, mir die QUESTO-Post nicht mehr zu schicken. Und ich bin nicht dafür verantwortlich und lasse mich auch nicht verantwortlich machen.
Wenn Sie uns die Freude machen, uns wieder regelmäßiger zu besuchen...	Das wiederum ist mein freier Entschluss. Und der hängt von meinen persönlichen Bedürfnissen ab und nicht von irgendwelcher Werbung.
... werden Sie ganz automatisch wieder die QUESTO-Post erhalten.	Will ich gar nicht. Ich bin froh, dass mein Briefkasten endlich etwas leerer wird und nicht immer überquillt mit Werbung.
Wir wissen, dass wir uns ständig um neue Kunden bemühen müssen und wir wollen Ihnen auch mit diesem Schreiben vermitteln, dass wir dies nicht vergessen haben."	Was soll ich mit dieser Aussage? Ich bin kein neuer Kunde und was die mit neuen Kunden tun oder lassen, berührt mich nicht. Ich bin ein „alter" Kunde, um den sie sich anscheinend nicht „bemühen", sonst hätten sie diesen Brief nicht geschrieben. Auf jeden Fall nicht so, wie sie ihn geschrieben haben.

4. Zum einen gereizt, weil der Sender, die QUESTO GmbH & Co. KG, sich in den Schmollwinkel zurückzieht, weil der Kunde nicht genügend bei ihr einkauft. Zum anderen unpersönlich, weil der Empfänger einen „Rundbrief" erhält, der nicht einmal an ihn adressiert ist und der keine Unterschrift trägt. Unpersönlicher geht es nicht.

5. (1) Sie sollte den Brief an den Empfänger adressieren

    (2) Sie sollte den Empfänger persönlich ansprechen

    (3) Sie sollte einen Ansprechpartner nennen

    (4) sie sollte den Kunden einbeziehen, zum Beispiel durch Fragen, statt ihn einfach vor vollendete Tatsachen zu stellen

    (5) Sie sollte konsequent im Sie-Stil schreiben

    (6) Sie sollte den Brief unterschreiben

    (7) Sie sollte den Kunden nicht mit erhobenem Zeigefinger belehren, wie hoch ihre Kosten für Werbung sind

    (8) Sie sollte dem Kunden nicht das Gefühl vermitteln, er werde gemaßregelt. Das kommt bei keinem Kunden gut an.

6. Siehe Seite 164.

6.3.23 Zusage auf Bewerbung

PEH AG, Postfach 32, 99887 Allstadt

Herrn
Dipl.-Ing. (TU)
Peter Groß
Kirchstraße 52

66778 Neustadt

Betreff: Ihre Bewerbung als Projektingenieur in unserem Büro
Hier: Zuspruch dieser Stelle

Sehr geehrter Herr Groß,

Ihre oben genannte, an unser Büro in Dresden gerichtete Bewerbung, wurde auch an unser Büro in Allstadt weiter geleitet.

Nachdem auch dort die Stelle eines Projektingenieurs per sofort zu besetzen ist, erlauben wir uns Ihnen höflichst mitzuteilen, dass der Zuschlag **hiermit an Sie in Schriftform erteilt wird und mitgeteilt wurde.**

Auf ein diesbezüglich bereits mit Ihnen und Herrn Ettlinger geführtes Telefonat wird an dieser Stelle nochmals explizit gesondert inhaltlich verwiesen.

Bitte setzen Sie sich daher **umgehend nach Erhalt dieses Schreibens** mit unserem Büro in Allstadt in Verbindung, damit die Formalitäten für die Erstellung eines Arbeitsvertrages **schnellstens** erledigt werden können, da die notwendigen Kriterien zur Förderung Ihrer Person **vollumfänglich** erfüllt sind.

Wir gehen nach wie vor davon aus, dass Sie **großes Interesse** am Antritt dieser Ihnen nunmehr zugesprochenen Stelle haben und würden uns freuen, Sie **baldmöglichst** in unser Team aus nunmehr 28 Mitarbeitern aufnehmen zu können und verbleiben in der Hoffnung einer schnellsten Kontaktierung unseres Büros durch Sie.

Mit freundlichen Grüßen

i.V. *Schumann*

Aufgaben:

Lesen Sie den Brief auf Seite 137 durch und beantworten Sie die folgenden Fragen:
1. Schildern Sie in eigenen Worten, worum es geht.
2. Was ist der Zweck des Briefes?
3. Wie wirkt der Brief auf Sie? Bitte begründen Sie Ihre Aussage.
4. Unterstreichen Sie alle Formulierungen, die Sie für überflüssig oder umständlich halten.
5. Formulieren Sie die folgenden Sätze in einem modernen Stil:

So schreibt Herr Schumann:	So schreibt man heute:
Betreff: Ihre Bewerbung als Projektingenieur in unserem Büro Hier: Zuspruch dieser Stelle	
Ihre oben genannte, an unser Büro in Dresden gerichtete Bewerbung, wurde auch an unser Büro in Allstadt weiter geleitet.	
Nachdem auch dort die Stelle eines Projektingenieurs per sofort zu besetzen ist, erlauben wir uns, Ihnen höflichst mitzuteilen, dass der Zuschlag hiermit an Sie in Schriftform erteilt wird und mitgeteilt wurde. Auf ein diesbezüglich mit Ihnen und Herrn Ettlinger geführtes Telefonat wird an dieser Stelle nochmals explizit gesondert inhaltlich verwiesen.	
Bitte setzen Sie sich daher umgehend nach Erhalt dieses Schreibens mit unserem Büro in Allstadt in Verbindung, damit die Formalitäten für die Erstellung eines Arbeitsvertrages schnellstens erledigt werden können, da die notwendigen Kriterien zur Förderung Ihrer Person vollumfänglich erfüllt sind. ...	
Wir gehen nach wie vor davon aus, dass Sie großes Interesse am Antritt dieser Ihnen nunmehr zugesprochenen Stelle haben und würden uns freuen, Sie baldmöglichst in unser Team aus nunmehr 28 Mitarbeitern aufnehmen zu können	
und verbleiben in der Hoffnung einer schnellsten Kontaktierung unseres Büros durch Sie. Mit freundlichen Grüßen	

6. Formulieren Sie den Brief zeitgemäß, damit er „ankommt".

6.3 Praxisbeispiele von A – Z

Lösungshinweise:

1. Herr Groß hat sich bei der PEH AG in Dresden um die Stelle eines Projektingenieurs beworben. Die Bewerbung wurde an das Büro in Allstadt weiter geleitet. Dort ist ebenfalls die Stelle eines Projektingenieurs zu besetzen und Herr Groß soll für diese Stelle eingestellt werden. Herr Ettlinger, Mitarbeiter der PEH AG in Allstadt, hatte bereits telefonisch mit Herrn Groß Kontakt aufgenommen. Damit der Vertrag ausgestellt werden kann, soll sich Herr Groß umgehend in Allstadt melden.

2. Herr Groß erhält die Zusage für die zu besetzende Stelle. Er soll sich umgehend melden, damit der Vertrag ausgestellt werden kann.

3. Der Brief ist umständlich und in einem altmodisch-formalistischen Stil verfasst. Beispiele:

   (1) „... erlauben wir uns, Ihnen höflichst mitzuteilen, dass der Zuschlag hiermit an Sie in Schriftform erteilt wird." Es mag sein, dass es im Baugewerbe üblich ist, auf irgendwelche Ausschreibungen Zuschläge zu erteilen oder zu erhalten. Für Bewerbungen gibt es Zusagen oder Absagen. Und „erlauben wir uns Ihnen höflichst mitzuteilen" ist eine Formulierung aus der Zeit Napoleons. Niemand droht heute an, dass er sich etwas „erlaubt". Entweder man tut es oder man lässt es. „Erlauben wir uns höflichst mitzuteilen" ist eine Floskel, aus der Zeit der edlen Ritter und schönen Burgfräuleins, um deren Gunst gebuhlt wurde. Höflichkeit in der modernen Korrespondenz bedeutet sachlich, kurz und knapp auf den Punkt zu kommen und den Korrespondenzpartner ernst zu nehmen. Ob er sich mit solchen Floskeln allerdings „vollumfänglich" ernst genommen fühlt, wage ich zu bezweifeln.

   (2) „Auf ein diesbezüglich bereits mit ... geführtes Telefonat wird an dieser Stelle nochmals explizit gesondert inhaltlich verwiesen." Was soll dieser Absatz? Wurden in diesem Telefonat Geheimabsprachen getroffen, die nun durch die Blume schriftlich fixiert werden sollen? Und zwar „nochmals explizit gesondert inhaltlich"? Außer dem Verfasser versteht wohl niemand, was gemeint ist. Sollte es telefonische Absprachen geben, die man gerne schriftlich fixiert hätte, dann wäre es besser, sie zu erwähnen. Ansonsten kann man den Absatz getrost streichen.

   Insgesamt entsteht der Eindruck, als wolle hier jemand mit allem Nachdruck den Bewerber zu seinem Glück zwingen. Der Verfasser zweifelt anscheinend selbst daran, dass der Bewerber wirklich kommt. Wozu sonst der Satz: *„Wir gehen nach wie vor davon aus, dass Sie großes Interesse (Fettdruck!) am Antritt dieser Ihnen nunmehr zugesprochenen Stelle haben und würden uns sehr freuen..."* Etwas mehr Selbstsicherheit wäre angebracht. Oder haben Sie es nötig, anderen Stellen in Ihrem Unternehmen „aufzuschwatzen"?

   Übrigens: es ist in Geschäftsbriefen unüblich, wichtige Stellen durch Fettdruck hervorzuheben. Ausnahme: die Betreffzeile. Allerdings verzichtet man in der modernen Korrespondenz seit Jahren auf das Wort „Betreff". Gehen Sie einfach davon aus, dass Ihr Korrespondenzpartner intelligent genug ist, um Wichtiges von Unwichtigem zu unterscheiden. Noch besser: Schreiben Sie nur Wichtiges in einen Brief.

4. Ihre oben genannte, an unser Büro in Dresden gerichtete Bewerbung, wurde auch an unser Büro in Allstadt weiter geleitet.

Nachdem auch dort die Stelle eines Projektingenieurs **per sofort** zu besetzen ist, erlauben wir uns Ihnen höflichst mitzuteilen, dass der Zuschlag **hiermit an Sie in Schriftform erteilt wird und mitgeteilt wurde.**

Auf ein diesbezüglich bereits mit Ihnen und Herrn Ettlinger geführtes Telefonat wird an dieser Stelle nochmals explizit gesondert inhaltlich verwiesen.

Bitte setzen Sie sich daher **umgehend nach Erhalt dieses Schreibens** mit unserem Büro Allstadt in Verbindung, damit die Formalitäten für die Erstellung eines Arbeitsvertrages **schnellstens** erledigt werden können, da die notwendigen Kriterien zur Förderung Ihrer Person **vollumfänglich** erfüllt sind.

Wir gehen nach wie vor davon aus, dass Sie **großes Interesse** am Antritt dieser Ihnen nunmehr zugesprochenen Stelle haben und würden uns sehr freuen, Sie **baldmöglichst** in unser Team aus nunmehr 28 Mitarbeitern aufnehmen zu können und verbleiben in der Hoffnung einer schnellsten Kontaktierung unseres Büros durch Sie

5.

So schreibt Herr Schumann:	So schreibt man heute:
Betreff: Ihre Bewerbung als Projektingenieur in unserem Büro Hier: Zuspruch dieser Stelle	Ihre Bewerbung als Projektingenieur
Ihre oben genannte, an unser Büro in Dresden gerichtete Bewerbung, wurde auch an unser Büro in Allstadt weiter geleitet.	Unser Büro in Dresden hat uns Ihre Bewerbungsunterlagen zugeschickt.
Nachdem auch dort die Stelle eines Projektingenieurs per sofort zu besetzen ist, erlauben wir uns, Ihnen höflichst mitzuteilen, dass der Zuschlag hiermit an Sie in Schriftform erteilt wird und mitgeteilt wurde. Auf ein diesbezüglich mit Ihnen und Herrn Ettlinger geführtes Telefonat wird an dieser Stelle nochmals explizit gesondert inhaltlich verwiesen.	Auch bei uns ist die Stelle eines Projektingenieurs zu besetzen. Herr Ettlinger hat deshalb mit Ihnen telefoniert. Wir freuen uns, dass wir Ihnen diese Stelle anbieten können.
Bitte setzen Sie sich daher umgehend nach Erhalt dieses Schreibens mit unserem Büro in Allstadt in Verbindung, damit die Formalitäten für die Erstellung eines Arbeitsvertrages schnellstens erledigt werden können, da die notwendigen Kriterien zur Förderung Ihrer Person vollumfänglich erfüllt sind...	Bitte setzen Sie sich umgehend mit Frau Waibel, Telefon 02345 12348 in Verbindung, damit sie mit Ihnen das weitere Vorgehen besprechen kann.

6.3 Praxisbeispiele von A – Z

Wir gehen nach wie vor davon aus, dass Sie großes Interesse am Antritt dieser Ihnen nunmehr zugesprochenen Stelle haben und würden uns freuen, Sie baldmöglichst in unser Team aus nunmehr 28 Mitarbeitern aufnehmen zu können	Wir freuen uns, dass wir Sie schon bald als neuen Mitarbeiter in unserem Team begrüßen können
und verbleiben in der Hoffnung einer schnellsten Kontaktierung unseres Büros durch Sie. Mit freundlichen Grüßen	Freundliche Grüße aus Allstadt

6. Siehe Seite 165.

7. Musterbriefe von A – Z

7.1 Anfrage

Textilfachgeschäft Bolanz, Postfach 99, 33455 Hastadt

Textilwerke Weißkopf
Weißkopfstr. 2-9

23456 Bestadt

Anfrage wegen Tisch- und Bettwäsche für ein Hotel

Sehr geehrte Damen und Herren,

für die Einrichtung eines Hotels mit 40 Betten und einem Restaurantbetrieb mit 30 Sitzplätzen benötigen wir in bester Hotelqualität:

- 200 Garnituren für Betten der Maße 100 x 200 cm
- 40 Garnituren für Betten der Maße 200 x 220 cm
- Tischwäsche für ein Restaurant mit 30 Sitzplätzen.

Bitte schicken Sie uns Ihr Angebot mit Stoffproben in verschiedenen Farben bis zum 25. Februar.

Wir freuen uns auf eine langfristige, partnerschaftliche Zusammenarbeit.

Mit freundlichen Grüßen

Textilfachgeschäft Bolanz
- Einkauf -

Hermine Bolanz

Hermine Bolanz

7.2 Angebot

Elchinger GmbH, Postfach 25 24680 Neustadt am Berg

Uhren Bühler
Marktplatz 27

24698 Eichwalden

Lieber Neu-Kunde: Herzlich Willkommen!

Sehr geehrter Herr Bühler,

herzlich Willkommen im Kreise unserer Kunden; wie gewünscht erhalten Sie unseren Katalog und die Preisliste. In unserem Sortiment finden Sie Uhren aller Markenhersteller und preiswerte No-Name Produkte. Sie finden sowohl Uhren aus der klassischen Kollektion als auch topaktuelle mechanische Uhren mit aufwändig gearbeitetem Federzug-Werk.

Die Modelle 1 – 20 liefern wir Ihnen innerhalb 24 Stunden, alle anderen Modelle sind Sonderanfertigungen. Sie erhalten sie vier Wochen nach Ihrer Bestellung.

Unsere Preise gelten ab Werk. Sie haben 60 Tage Zahlungsziel. Übrigens, wenn Sie bis zum 30. August bestellen, erhalten Sie ein originelles Geschenk.

Herzliche Grüße aus Neustadt
Elchinger GmbH
- Verkauf -

i. V. *Waldemar Plönzke*

7.3 Antwort auf Absage eines Bewerbers

Architekturbüro Klein, Postfach 11, 88554 Astadt

Herrn
Werner Moser
Eckstraße 41

09111 Bestadt

Ihre Bewerbungsunterlagen

Sehr geehrter Herr Moser,

nachdem Sie sich endgültig entschieden haben, die Stelle in unserem Büro in Efstadt nicht anzunehmen, erhalten Sie Ihre Bewerbungsunterlagen zurück.

Wir hätten Sie gerne als Mitarbeiter gewonnen und wünschen Ihnen für die Zukunft alles Gute.

Freundliche Grüße

Architekturbüro Klein	Anlage
i.V. *Karl Huber*	1 Bewerbungsmappe
Karl Huber	

7.4 Antwort auf Anfrage

Meyer & Co, Postfach, 66554 Bestadt

Bankaus
Müller & Frey
Schlossallee 3

67764 Cestadt

Ihre Anfrage nach Sonderanfertigung einer Schrankwand

Sehr geehrter Herr Müller,

vielen Dank für Ihre Anfrage. Sie erhalten in den nächsten Tagen ein detailliertes Angebot. Können Sie uns noch die konkreten Maße der Wand durchgeben oder einen Plan Ihres Büros schicken?

Noch besser wäre, wenn Herr Huber, unser Berater, Sie besuchen könnte. Er berät Sie gerne über mögliche Farben, Holzarten und die optimale Fächeraufteilung und nimmt direkt vor Ort Maß. So können Sie sicher sein, dass Ihr neues Regal optimal eingepasst wird. Auch Ihre Terminwünsche können Sie mit Herrn Huber abstimmen.

Sie erhalten von uns absolute Qualitätsarbeit zu fairen Preisen und Sie können sich darauf verlassen, dass wir zugesagte Liefertermine stets einhalten.

Wir freuen uns auf Ihren Auftrag.

Schöne Grüße aus Bestadt

Meyer & Co
Einbaumöbel nach Maß

Erwin Meyer

Erwin Meyer

7.5 Antwort auf Bestellung

Ziebold AG Postfach 5549 Zehstadt

Albrecht Meyer KG
Papierverarbeitung
Im Leh 25

11223 Dedorf

Sortiermaschine

Sehr geehrte Frau Meyer,

Sie haben eine gute Entscheidung getroffen. Die bestellte Sortiermaschine AGZ-2211 erhalten Sie in der 46. Kalenderwoche zum Preis von 8.700,00 € zuzüglich 16 % Umsatzsteuer. Den genauen Liefertermin stimmen wir mit Ihnen ab.

Die Sortiermaschine ist Ihrem Wunsch entsprechend mit einem 220 Volt Wechselstrom-Anschluss ausgestattet. Damit können Sie die Maschine an das normale Stromnetz an-schließen.

Mit der AGZ-2211 haben Sie sich für ein Spitzenprodukt aus unserem Hause entschieden, für das wir ein Jahr die volle Garantie übernehmen. Ansonsten gelten die Konditionen unseres Angebots vom 29. August.

Herzlichen Dank für Ihren Auftrag.

Freundliche Grüße aus Zehstadt
Maschinenfabrik Ziebold AG

Alfred Hötzel

ppa. Alfred Hötzel
Verkaufsleiter

7.6 Antwort auf Bewerbung

Hasenunger GmbH, Postfach 3, 44556 Kastadt

Frau
Eveline Probst
Kirchstr. 12

44654 Gestadt

Ihre Bewerbung als Sachbearbeiterin

Sehr geehrte Frau Probst,

herzlichen Dank für Ihre Bewerbung. Wir freuen uns über Ihr Interesse an einer Mitarbeit als Sachbearbeiterin.

Die Anzeige im Kastadter Kurier ist auf reges Interesse gestoßen. Deshalb werden wir die Vorauswahl erst Ende November abschließen. Bitte haben Sie so lange Geduld.

Sie hören spätestens Anfang Dezember von uns.

Schöne Grüße aus Kastadt

Hasenunger GmbH
- Personalleitung-

i. V. *Ernst Groß*

Ernst Groß

7.7 Bestellung

Dolly Moden GmbH, Postfach 7 22344 Destadt

Textilwerke Olaf Huber OHG
Herrn Stefan Petermann
Platanenallee 21

54321 Adorf

Bestellung

Sehr geehrter Herr Petermann,

vielen Dank für Ihren Brief vom 17. Dezember und den gut gestalteten Katalog. Ihr Sonderangebot an Kleidern und Blusen hat unseren Geschmack genau getroffen.

Bitte liefern Sie uns umgehend folgende Artikel:

Bestell-nummer	Bezeichnung	Größe	Anzahl	Einzel-preis €	Gesamtpreis €
2345	Damenkleid rot	36, 38, 40	3	40,95	122,85
6543	Damenbluse gelb	44, 46	2	20,95	40,90
5342	Damenblazer	46, 48, 50	3	27,95	83,95
9986	Damenhose	36, 38, 40	3	12,95	38,85

Wir freuen uns schon heute auf Ihr Angebot für die Frühjahr/Sommer-Kollektion.

Schöne Grüße aus Destadt

Dolly Moden GmbH
- Einkauf -

ppa. Caroline Muth

Caroline Muth

7.8 Bewerbung Absage 1

Lauberger GmbH, Postfach 1277, 54321 Berghausen

Herrn
August Müller
Hinter dem Stadtpark 25

54322 Neudorf

Ihre Anfrage wegen einer Mitarbeit in der Produktion

Sehr geehrter Herr Müller,

herzlichen Dank für Ihr Interesse an einer Mitarbeit bei uns. Zurzeit ist in unserer Produktion keine für Sie passende Stelle frei. Das kann sich aber bald ändern, denn die Auftragslage ist gut.

Sie können uns deshalb gerne Ihre Bewerbungsunterlagen schicken. Es kann allerdings einige Tage – vielleicht sogar einige Wochen dauern, bis eine passende Stelle frei wird.

Sind Sie damit einverstanden? Dann freuen wir uns auf Ihre Bewerbung.

Mit freundlichen Grüßen

Lauberger GmbH
- Personalleitung-

i. V. *Hannelore Kühnast*

Hannelore Kühnast

7.9 Bewerbung Absage 2

ZY GmbH, Am Berg 1 43215 Hinterlauchringen

Fräulein
Sophie Wagner
Eichenweg 17

43220 Aadorf

Ihre Bewerbung als Sachbearbeiterin Produktionsplanung

Sehr geehrte Frau Wagner,

auf unsere Stellenanzeige vom 15. Februar haben sich mehr als 50 Interessentinnen beworben.

Wir haben uns für eine Bewerberin entschieden, die Erfahrungen aus einem vergleichbaren Unternehmen mitbringt.

Sie erhalten Ihre Unterlagen deshalb zurück. Für das Vertrauen, das Sie unserem Unternehmen mit Ihrer Bewerbung entgegen gebracht haben, bedanken wir uns herzlich.

Mit freundlichen Grüßen

Schelbchen
i. A. Schelbchen

7.10 Bitte um Bankauskunft

ABC-Spezialbank GmbH, Postfach 12345 Astadt

Fax-Nr. 4711/2002
Z-Bank Bestadt
- Auskunftei -

34567 Bestadt

Vertraulich

Bitte um Bankauskunft über Firma Vater & Söhne GmbH & Co KG

Sehr geehrte Damen und Herren,

können Sie uns weiter helfen mit einer Bankauskunft? Wir benötigen Informationen über Geschäftsbetrieb, Vermögensverhältnisse und Kreditwürdigkeit der Firma:

Vater & Söhne GmbH & Co KG
Am Waldrand 15
34567 Bestadt,

sowie über die Kreditwürdigkeit der Firmeninhaber.

Ihre Informationen behandeln wir vertraulich. Sie gehen keinerlei Risiko ein. Sollten Sie Auskünfte von uns benötigen, helfen wir Ihnen jederzeit gerne.

Mit freundlichen Grüßen

ABC-Spezialbank GmbH

i.V. *Alfons Blum*

Alfons Blum

7.11 Erste Mahnung

Computerschule Fritz Klein, Im Hochhaus 7, 12345 Neustadt

Verlagshaus Müller GmbH
Östliche-Allee 27

12345 Oberdorf

Offene Rechnung für Kursteilnehmerin Carola Hohli

Sehr geehrte Frau Müller,

die Kursgebühr für Ihre Mitarbeiterin Carola Hohli, die bei uns den Kurs „Office" besucht, ist bisher noch nicht auf unserem Bankkonto eingegangen.

Bitte begleichen Sie die offene Rechnung über 250,– € bis zum 1. März 2004. Herzlichen Dank.

Mit freundlichen Grüßen

Ihre Computerschule Fritz Klein

Fritz Klein
Fritz Klein

7.12 Hausratversicherung

Versicherungs AG, Postfach 23456 Neustadt

Frau
Anneliese Metz
Eichenweg 7
65432 Altdorf

Hausratversicherung

Sehr geehrte Frau Metz,

hatten Sie inzwischen schon Gelegenheit, den Wert Ihres Hausrats mithilfe unseres Fragebogens zu ermitteln? Sie wissen ja, im Schadensfall erhalten Sie den vollen Neuwert Ihres Hausrats erstattet, wenn Sie ausreichend versichert sind.

Sollten Sie noch Fragen haben, helfe ich Ihnen gerne. Rufen Sie einfach an.
Ich freue mich auf Ihre Nachricht.

Schöne Grüße aus Neustadt

Versicherungs AG Neustadt
Kundenbetreuung

i. A. *Kunz*

Bettina Kunz

7.13 Import-Angebot

Import und Export AG, 34567 Berghofen

Teppichhaus Möller
Am Marktplatz 25

54322 Neudorf

Import eines Sonderpostens Orientteppiche – unsere Konditionen

Sehr geehrter Herr Möller,

Sie können den gewünschten Sonderposten an Orientteppichen gerne über uns beziehen.

Bei einem Auftragswert ab 20.000,00 € liefern wir an Neukunden grundsätzlich gegen Bankgarantie.

Sobald Sie uns eine Bankgarantie über

$$250.000,00 \text{ €}$$

zur Verfügung stellen, werden wir die Bestellung für Sie erledigen. Sie erhalten Ihre Ware dann innerhalb von vier Wochen.

Herzlichen Dank für Ihre Anfrage.

Mit freundlichen Grüßen

Import und Export AG

Werner Knup
Werner Knup

7.14 Kündigung in der Probezeit

Fischer GmbH, Industriestrasse 15, 24680 Neustadt

Frau
Heike Neumüller
Im Hause

Kündigung in der Probezeit

Sehr geehrte Frau Neumüller,

Ihre Probezeit nähert sich dem Ende. Der Zweck der Probezeit war es, kritisch zu prüfen, ob die angebotene Stelle auf Dauer das Richtige für Sie ist und ob Sie die Mitarbeiterin sind, die wir uns auf Dauer in dieser Position vorstellen.

Aufgrund der Beurteilung Ihres Vorgesetzten, die er bereits mit Ihnen besprochen hat, kündigen wir Ihr Arbeitsverhältnis mit einer Frist von zwei Wochen. Den Betriebsrat haben wir ordnungsgemäß unterrichtet. Er hat der Kündigung zugestimmt.

Bitte stimmen Sie mit Ihrem Vorgesetzten ab, wann Sie Ihren anteiligen Urlaub nehmen können. Ihre Arbeitspapiere erhalten Sie mit der nächsten Gehaltsabrechnung.

Auch wenn es nun doch nicht so richtig geklappt hat, danken wir Ihnen für Ihren Einsatz und wünschen Ihnen für Ihre Zukunft alles Gute.

Mit freundlichen Grüßen

Angelika Maier

Personalabteilung
Angelika Maier

7.15 Letzte Mahnung

Newsletter für die Industrie GmbH, Postfach, 12345 Neuhausen

Firma
Mooshammer AG, Schraubenfabrik
Postfach 11 22

98764 Unterbachsee

Letzte Mahnung

Sehr geehrte Damen und Herren,

Sie haben unsere Rechnung vom 15. Dezember 2002 noch nicht beglichen, obwohl wir Sie bereits zweimal darum gebeten hatten. Bitte begleichen Sie bis Ende des Monats folgende offenen Beträge:

Beitrag für 06/02 – 12/02	8 x 44 €	352,00 €
Bearbeitungsgebühren		5,00 €
Summe		357,00 €

Sollte das Geld am 1. März 2003 nicht auf unserem Konto eingegangen sein, treten wir unsere Ansprüche an ein Inkassounternehmen ab. Wollen Sie das?

Mit freundlichen Grüßen

Verlag für Büroliteratur GmbH

i.V. *Wolfram Icks*

Wolfram Icks

7.16 Mahnung

Kurz und Knapp KG, Postfach 9 55667 Cedorf

Herrn
Amadeus Augustin
Waldweg 5

12345 Astadt

Erinnerung

Sehr geehrter Herr Augustin,

am 10. Oktober lieferten wir Ihnen eine Stereoanlage. Bestimmt haben Sie viel Freude beim abspielen Ihrer Lieblingsmusik.

Die Rechnung über 598,00 € ist bisher noch nicht beglichen. Bitte denken Sie in den nächsten Tagen daran und überweisen Sie uns den Betrag bis zum 15. Dezember.

Vielen Dank.

Wir freuen uns schon heute auf Ihren nächsten Auftrag.

Mit freundlichen Grüßen

Kurz und Knapp KG

Wendelinus Knapp

Wendelinus Knapp

7.17 Objektbewachung

Hab Acht, Am Tor 32, 12345 Neudorf

Hausverwaltungen Meier
Herrn Kurt Meier
Sundgauallee 71

34567 Nordhofen

Objektbewachung in Nordhofen

Sehr geehrter Herr Meier,

in Nordhofen führen wir bisher keine Bewachungen durch, weil unser Partnerunternehmen Argusauge den Großraum Nordhofen betreut.

Natürlich kommen wir Ihrem Wunsch gerne nach und besprechen mit Ihnen, wie wir die von Ihnen betreuten Verwaltungsobjekte sichern und schützen können.

Herr Moser, unser Leiter Objektschutz, ruft Sie am kommenden Montag an. Herzlichen Dank für Ihr Interesse.

Mit freundlichen Grüßen

Martin Fischer

i. A. Fischer

7.18 Personalleasing

Zeitflex GmbH, Postfach , 66655 Überall

Hansa GmbH
Personalleitung
Postfach 12 22

33333 Hennedorf

Reduzieren Sie Ihre Kosten durch Personalleasing

Sehr geehrte Damen und Herren,

möchten Sie Ihre Personalkosten senken? Wir unterstützen Sie gerne dabei. Nach unseren Erfahrungen können Sie Ihre Personalkosten um bis zu zwanzig reduzieren, wenn Sie Ihr Personal reduzieren und in Spitzenzeiten Leih-Arbeitnehmer einsetzen.

Ist das kein verlockendes Angebot? Wenn Sie mit uns zusammenarbeiten, unterstützen wir Sie jederzeit. Das garantieren wir. Wir freuen uns auf Ihre Nachricht.

Mit freundlichen Grüßen

Zeitflex GmbH Personalleasing

Andreas Brunetti

Andreas Brunetti

7.19 Prämienzusendung

Extracard – Prämiendienst Postfach 09 34567 Adorf

Firma
Emil Heussner
Versicherungen
Schlossallee 22

45678 Bestadt

Herzlichen Glückwunsch zu Ihrer Prämie

Sehr geehrter Herr Heussner,

Ihre Prämie ist da. Herzlichen Glückwunsch und nochmals vielen Dank für Ihren Einsatz. Sie sehen, es lohnt sich für Sie, wenn Sie sich an unseren Wettbewerben beteiligen.

Mit Ihrer neuen Kaffeemaschine wünschen wir Ihnen viel Freude. Sie ist unser Zeichen des Dankes für Ihre besondere Leistung.

Natürlich freuen wir uns, wenn sie für Sie ein Ansporn ist, sich auch in künftigen Wettbewerben überdurchschnittlich zu engagieren. Sie haben schon in den kommenden Wochen wieder Gelegenheit, Extrapunkte zu sammeln. Nähere Informationen erhalten Sie wie gewohnt in unserem Newsletter.

Und nun wünschen wir Ihnen viel Muße bei einer wohlverdienten Tasse Kaffee.

Schöne Grüße aus Adorf
Ihr Extracard-Team

Carola Muser

7.20 Reklamation eines Kunden

Auto Meywald GmbH, 13579 Altstadthausen

Norbert Wolfsberger
Am Sportfeld 7

13579 Altstadthausen

Ihr defekter CD-Wechsler

Sehr geehrter Herr Wolfsberger,

schade, dass Ihr CD-Wechsler nicht richtig funktioniert. Es tut uns leid, dass Sie deshalb Unannehmlichkeiten haben. Natürlich werden wir alles tun, damit Sie baldmöglichst wieder den vollen HIFI-Genuss haben – so, wie Sie es von uns gewohnt sind.

Sofort nach Eingang Ihres Faxes haben wir einen neuen CD-Wechsler bestellt. Können Sie uns Ihren Wagen am kommenden Freitag für zwei Stunden zur Verfügung stellen? Dann bauen wir den neuen CD-Wechsler für Sie ein. Sie erhalten selbstverständlich einen kostenlosen Leihwagen. Der Ersatz des CD-Wechslers ist ein Garantiefall und für Sie kostenlos.

Sehr geehrter Herr Wolfsberger, ist es für Sie so in Ordnung? Dann erwarten wir Sie am Freitag Vormittag. Unsere Werkstatt ist ab 7:00 Uhr besetzt. Sollte Ihnen der Termin nicht zusagen, rufen Sie doch bitte kurz an.

Wir freuen uns auf Ihren Besuch

Ihre
Meywald GmbH

Alfred Meywald

Alfred Meywald

7.21 Sonderangebot

Farben Mattmüller, Postfach 32, 56789 Hausen

Firma
August Freiburger
Baustoffe
Industriestr. 12

77890 Bestadt

Innenweiß zum Superpreis – 15 % Ersparnis für Sie

Sehr geehrter Herr Freiburger,

rechtzeitig zum Sommer erhalten Sie ein tolles Angebot:

Innenweiß

schneeweiß, matt

- Waschbeständig nach DIN
- emissions- und lösemittelfrei,
- Ausreichend für mindestens 60 m² bei einmaligem Anstrich,
- Stiftung Warentest Heft 9/99 „GUT"

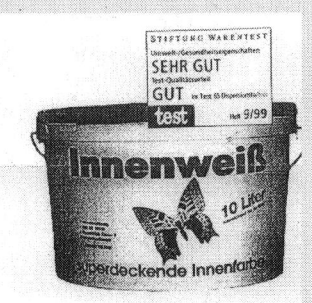

Die Verkaufseinheit (1 Palette) umfasst 40 Gebinde à 10 Liter. Sie zahlen statt 22,22 € pro Gebinde nur 18,88 €. Unser Angebot gilt bis zum 20. Juni. Sichern Sie sich den Preisvorteil von 15 % und bestellen Sie noch heute (Telefon: 01234 45321, Fax: 01234 45322). Sie erhalten die Ware innerhalb einer Woche nach Bestelleingang.

Übrigens: Wenn Sie mindestens drei Paletten bestellen, liefern wir „frei Haus".

Wir freuen uns auf Ihre Nachricht.

Freundliche Grüße aus Hausen

i.V. *Horst Mattmüller*

Horst Mattmüller

7.22 Werbung

QUESTO SB-GROSSMÄRKTE GmbH & Co. KG Postfach 1, 12345 Astadt

Firma
Wolfgang Zimmermann
Sanitätsfachhandel
Austr. 12

77890 Bestadt

Sie erhalten unsere Werbeprospekte im Markt

Sehr geehrter Herr Zimmermann,

unsere Geschäftspartner informieren wir regelmäßig über unsere Sonderangebote. Sie finden die Prospekte mit den aktuellen Aktionen jederzeit am Kundeneingang. Als Stammkunde erhielten Sie die Prospekte bisher zusätzlich per Post.

In letzter Zeit haben Sie uns nur noch sehr selten besucht. Deshalb möchten wir Ihnen in Zukunft die Prospekte nicht mehr zuschicken. Sind Sie damit einverstanden?

Sie erhalten die Prospekte weiterhin, wie alle unsere Geschäftspartner, am Kundeneingang. Wir freuen uns, wenn Sie uns bald wieder besuchen. Noch mehr freuen wir uns natürlich, wenn Sie wieder Stammkunde bei uns werden.

Schauen Sie doch in der nächsten Woche einmal bei uns vorbei und überzeugen Sie sich von unserem großen Angebot und den günstigen Preisen. Sie werden feststellen, dass unser QUESTO-Markt noch attraktiver geworden ist. Bestimmt finden Sie das Passende für Ihren Bedarf.

Wir freuen uns schon jetzt auf Ihren nächsten Besuch.

Freundliche Grüße aus Astadt

Ihre QUESTO Geschäftsleitung

Wilfried Leitner

Wilfried Leitner

7.23 Zusage auf Bewerbung

PEH AG, Postfach 32, 99887 Allstadt

Herrn
Peter Groß
Kirchstraße 52

66778 Neustadt

Ihre Bewerbung als Projektingenieur

Sehr geehrter Herr Groß,

Ihre Qualifikation hat uns überzeugt. Wir stellen Sie gerne als Projektingenieur für unser Büro in Allstadt ein. Herr Ettlinger hatte deshalb bereits mit Ihnen telefoniert.

Bitte setzen Sie sich umgehend mit Frau Waibel in Allstadt in Verbindung. Telefon: 02345/112348, damit sie mit Ihnen das weitere Vorgehen abstimmen kann.

Wir freuen uns sehr, dass wir Sie schon bald als neuen Mitarbeiter in unserem Team begrüßen dürfen.

Freundliche Grüße aus Allstadt

i.V. *Schumann*

Paul Schumann

Kleines ABC der Grammatik

		Erläuterung
A	Adjektiv	Eigenschaftswort Beispiele: schön, hässlich, klein, groß, nett, ... Tipps für die Korrespondenz: vermeiden Sie Adjektive nach Möglichkeit. Sie blähen meist den Text auf und führen zu Tautologien.
	Adverb	Umstandswort Beispiele: fast, beinahe, kaum,
	Aktiv	Tatform (Gegensatz: Passiv, Leidensform)
	Akkusativ	4. Fall: wen oder was? Beispiel: Ich sehe *die Frau* am Strand.
	Apposition	Beisatz Beispiele: Goethe, *der große Dichter*, schrieb „Faust". Das ist ein Bild Goethes, *des großen Dichters*. Wir verdanken dieses Gedicht Goethe, *dem großen Dichter*. Ich schätze Goethe, *den großen Dichter*.
	Attribut	Beifügung Beispiele: Auf dem *großen* See schwammen *viele klein*e Schwäne.
	Artikel	Geschlechtswort Beispiele: der, die, das, einer, eine, eines
B	Befehlsform	(Imperativ), der Imperativ wird ausschließlich mit dem Verb gebildet. Beispiele: Geh weg! Geht weg! Gehen Sie weg!
	Bindewörter	siehe Konjunktionen
D	Dativ	3. Fall: wem? Beispiel: Ich gebe *der Frau* ein Handtuch.
	Deklination des Adjektivs	Beugung des Eigenschaftsworts Beispiele: Nominativ: der freiwillige Dienst Genitiv: des freiwilligen Dienstes Dativ: dem freiwilligen Dienst Akkusativ: den freiwilligen Dienst
	Demonstrativpronomen	Hinweisende Fürwörter Beispiele: dieser, jener, solch ein, ...

E	Eigenschaftswort	Adjektiv
F	Fall	1. Nominativ 2. Genitiv 3. Dativ 4. Akkusativ
	Femininum	Weibliches Geschlecht: die Frau
	Futur I	Zukunft Beispiele: ich werde gehen, ich werde lesen, ich werde fahren, ich werde kommen, ...
	Futur II	Vollendete Zukunft Beispiele: ich werde gegangen sein, ich werde gelesen haben, ich werde gefahren sein, ich werde gekommen sein, ...
G	Genitiv	2. Fall: wessen? Beispiel: Ich sehe die Pistole *des Mannes*.
	Genus	Geschlecht, man unterscheidet: Maskulinum (männlich) Femininum (weiblich) Neutrum (sächlich).
	Geschlechtswort	Siehe Artikel
I	Imperativ	Befehlsform Beispiele: Komm her! Kommen Sie her! Hilf mir! Helfen Sie mir! Nach dem Imperativ steht immer ein Ausrufezeichen. Tipps für die Korrespondenz: Kundenorientierung und Befehlen passen nicht zusammen. Verzichten Sie in Geschäftsbriefen deshalb auf den Imperativ und verzichten Sie auf Ausrufezeichen.
	Indikativ	Wirklichkeitsform – Gegenteil: Konjunktiv Beispiele: Sie kommt. Es stürmt nicht mehr.
	Infinitiv	Grundform eines Verbs Beispiele: gehen, essen, schlafen, ...
	Interjektionen	Ausrufewörter Beispiele: Au!, aha!, Oh je!, Verdammt...
	Interrogativpronomen	Fragefürwörter Beispiele: Wer war es? Wen sollen wir einladen? Was ist das? Welches Buch möchtest du? Was für eine Zeitschrift hast du da? ...
K	Kasus	Siehe. Fall
	Komparationen	Steigerungsstufen:

Kleines ABC der Grammatik

		Beispiele: **Positiv** **Komparativ** **Superlativ** schön schöner am schönsten viel mehr am meisten
	Konjunktionen	Bindewörter Beispiele: und, auch, ferner, noch, außerdem, bald, weder – noch, teils – teils aber, hingegen, sondern, allein, doch, jedoch, dennoch, indes denn, nämlich, daher, deshalb, darum, folglich, also, deswegen oder, entweder – oder, sonst, dann, damals, darauf, nachher dort, da, hier
	Konjunktiv	Möglichkeitsform Beispiele: Wenn sie doch käme! Wenn es doch nicht stürmte! Tipps für die Korrespondenz: Nutzen Sie den Konjunktiv statt dem konditionalen „würde". Sätze mit „würde" klingen stilistisch unschön.
L	Leidensform	siehe Passiv
M	Maskulinum	Männliches Geschlecht Beispiel: der Mann
	Mittelwort	siehe Partizip
N	Neutrum	Sächliches Geschlecht Beispiel: das Kind
	Nomen	Hauptwörter (Substantive) Beispiele: Baum, Frau, Haus, Abstraktion,
	Nominativ	1. Fall: wer oder was? Beispiel: *Die* Frau geht an den Strand. Frage: *Wer* geht an den Strand?
	Numerale	Zahlwörter Beispiele: zwei, einige, Milliarde, Million, tausend
P	Partizipien	Mittelwörter (Mittelstellung zwischen Verb und Adjektiv)
	Partizip Perfekt	Mittelwort der Vergangenheit
	Partizip Präsens	Es dient der näheren Bestimmung der Umstände und ist passiv. Beispiele: der gelobte Schüler, der gebissene Postbote, ... Drückt das im Verb genannte Geschehen als ablaufend, unvollendet und in aktiver Bedeutung aus und zeigt die Gleichzeitigkeit der Handlungen. Beispiele: Sie blickten sich schweigend an. Sie wanderten singend durch den Wald.

	Passiv	Leidensform Beispiele: Die Ware wird Ihnen am 5. Mai geschickt. Die Entscheidung wird am 4 Juni gefällt werden. Tipps für die Korrespondenz: Vermeiden Sie das Passiv, weil es nach „Behördendeutsch" klingt. Schreiben Sie im Aktiv: Sie erhalten die Ware am 5. Mai. Wir entscheiden uns am 4. Juni. ...
	Perfekt	Vollendete Gegenwart Beispiele: ich bin gegangen, ich habe gelesen, ich bin gefahren, ich bin gekommen
	Personal- pronomen	persönliche Fürwörter, sie ersetzen den Namen der Person Beispiele: ich, du, er, sie, es, wir ihr sie meiner, deiner, seiner, ihrer, seiner unser, euer, ihrer mir, dir, ihm, ihr, ihm, uns, euch, ihnen mich, dich , ihn, sie, es, uns, euch, sie
	Plusquamperfekt	Vollendete Vergangenheit Beispiele: ich war gegangen, ich hatte gelesen, ich war gefahren, ich war gekommen, ...
	Possessiv- pronomen	Besitzanzeigende Fürwörter: Mein, dein, sein, ihr, sein, unser, euer, ihr
	Plural	Mehrzahl
	Präpositionen	Verhältniswörter Beispiele: im, zwischen, über, neben, bei, ...
	Präsens	Gegenwart Beispiele: ich gehe, ich lese, ich fahre, ich komme, ...
	Präteritum	Imperfekt, Vergangenheitsform Beispiele: ich ging, ich las, ich fuhr, ich kam, ...
	Pronomen	Fürwörter Beispiele: ich, du, er, sie, es, unser, euer, mein, dein
R	Reflexiv- pronomen	Rückbezügliche Fürwörter Pronomen, die sich auf das Subjekt desselben Satzes beziehen. Beispiele: *Das Mädchen* schämt *sich*. *Sie* achtet *ihrer selbst* nicht. *Er* gibt *sich* Mühe. *Sie* sehnt *sich* danach.
	Relativpronomen	Bezügliche Fürwörter der, die, das, welcher, welche, welches, wer, was Beispiele: Ich kann das Auto, das du meinst, nicht sehen. Der Salat, den du weggeschmissen hast, war verdorben.
S	Singular	Einzahl, Gegenteil : Plural Artikel: der, die, das

Kleines ABC der Grammatik 171

	Stammformen	Jedes Verb hat drei Stammformen: Infinitiv (Grundform) Bsp: gehen Prätärium (Imperfekt, Vergangenheit) Bsp: ging Partizip Perfekt (Mittelwort der Vergangenheit) Bsp: gegangen
T	Tautologien	„Doppelmöppe" Beispiele: Weiße Schimmel, schlimme Verwüstungen, (Schimmel sind immer weiß und Verwüstungen immer schlimm.)
	Tempusstufen des Verbs	Zeiten: Präsens (Gegenwart), Präterium (Vergangenheit), Futur I (Zukunft), Perfekt (vollendete Gegenwart), Plusquamperfekt (vollendete Vergangenheit), Futur II (vollendete Zukunft)
U	Unregelmäßige Verben	Ändern den Vokal einer Stammform und bilden das Partizip Perfekt mit der Endung -t Beispiele: bringen, brachte, gebracht; können, konnte, gekonnt
V	Verben	Zeitwörter (Tun-Wörter) Beispiele: rennen, sprechen, schaufeln Das Verb ist der wichtigste Bedeutungsträger eines Satzes. Sätze ohne Verben haben keine Aussage. In der Korrespondenz sind Verben das Salz in der Suppe.
W	Wortarten	Es gibt 10 Wortarten: 1. Verben 6. Numerale 2. Nomen 7. Adverbien 3. Artikel 8. Präpositionen 4. Adjektive 9. Konjunktionen 5. Pronomen 10. Interjektionen
Z	Zeichen	Punkt Komma Strichpunkt (Semikolon)
	Zeiten	Siehe Tempusstufen des Verbs
	Zeitwort	Siehe Verb

Kleines ABC für E-Mail-Nutzer

A

Abbinder
Sie können alle E-Mails im Schriftverkehr mit Kunden als kostengünstiges Marketingtool nutzen. Ein geeigneter Abbinder mit LINK (siehe AIDA-Formel, Action) motiviert den Adres-saten zu einer schnellen Reaktion oder Handlung. Der Abbinder wird dadurch zur P.S.- Zeile mit Aufforderungscharakter. Beispiel:
„Kennen Sie schon unser neues Produkt xy? Hier erfahren Sie mehr: „LINK zum Produkt"

Abkürzungen
Wie: „CU" oder „MfG" und ":-)" sind in E-Mails mit Freunden angemessen. In geschäftlichen E-Mails sollten Sie die Form wahren. So viel Zeit und Wertschätzung muss sein.

Adressen verwalten
Es lohnt sich, ein Adressbuch anzulegen und die häufig genutzten Adressen zu speichern. Sie können die Adressen auch Gruppen zuordnen. Das erleichtert den Versand an ganze Empfängergruppen. Ihr Vorteil: Sie müssen die Adressen nicht jedes Mal neu eintippen, sparen Zeit und vermeiden beim Adressieren Schreibfehler.

Adresse mitschicken
Ihr Korrespondenzpartner sollte genau wissen, mit wem er es zu tun hat. Deshalb gehört in jede geschäftliche E-Mail Adresse, Telefon, Telefax und die eigene E-Mail-Adresse. (siehe auch DIN).

Antworten
Beim Antworten auf eine Mail bleibt der Text der ursprünglichen Mail erhalten. Kürzen Sie diesen Text oder löschen Sie ihn. Dadurch wird die Mail leichter lesbar, braucht weniger Speicherplatz und hat eine schnellere Ladezeit.

Autosignatur
Die Autosignatur enthält quasi den Briefkopf und den Unterschriftenblock in einem. Sie wird entsprechend den Einstellungen Ihres E-Mailprogramms an jede E-Mail angehängt. Beispiel:

```
Mit freundlichen Grüßen
Handels AG
Caroline Musterfrau
Sekretärin der Geschäftsleitung
Telefon: +49 621 123-456
Telefax: + 49 621 123-444
E-Mail: caroline.musterfrau@handels-ag.de
```

B

BCC
Reduzieren Sie die Blindkopien (BCC) und Kopien Ihrer Mails drastisch. Viele Korrespondenten schicken Blindkopien und Kopien ihrer Mails an alle möglichen Stellen, die eventuell irgend ein Interesse an der Nachricht haben können. So wird Datenmüll produziert und die Zeit der Empfänger verschwendet. Unterlassen Sie diese Unsitte.

Betreff
Der Betreff dient dazu, den Leser in wenigen Worten zu informieren, weshalb er die Mail lesen soll. Damit kann er die Priorität der Mail einschätzen, ohne sie zu öffnen. Wer E-Mails ohne Angabe im Betreff verschickt ist unhöflich gegen den Empfänger. Und er erschwert sich selbst die Arbeit, wenn er unter den vielen E-Mails, die er verschickt hat, eine heraussuchen will. Also: die Betreffzeile immer kurz und aussagekräftig ausfüllen.

C

CC
Die Kopie (CC) Ihrer E-Mail sollten Sie nur an jene Empfänger schicken, die sie wirklich benötigen. Überschwemmen Sie nicht die Postfächer zahlreicher Mail-Nutzer mit Informationen, die nicht benötigt werden. In der Praxis hat sich eine „Absicherungsmentalität" breit gemacht, bei der E-Mails an alle möglichen Leute verschickt werden, damit „ja keiner sagen kann, er sei nicht informiert worden". Dabei ertrinken die Empfänger zunehmend im Informationssumpf.

D

DIN 5008 für E-Mails
Auch für E-Mails gelten bestimmte Regeln der DIN 5008. Die wichtigsten in Kurzform:

- Betreff Zeile sollte immer eine Angabe enthalten.
- Anrede ist ein weiterer fester Bestandteil. Sie beginnt an der Fluchtlinie und wird durch eine Leerzeile vom übrigen Text getrennt.
- Zeilenabstand: Einzeilig
- Autosignatur als fester Bestandteil

Dringlichkeit
(siehe auch Priorität)
Bei den meisten E-Mail Programmen kann man die Dringlichkeit / Priority einer E-Mail angeben. Nutzen Sie diese Möglichkeit nur bei wirklich dringenden E-Mails. Wer jede E-Mail mit Priorität verschickt, verliert bei den Empfängern schnell die Glaubwürdigkeit.

Dateianhänge

Sie können an jede E-Mail Dateien anhängen und sie so schnell zum Empfänger transportieren. Je nach Schriftart und Formatvorlage, die beim Empfänger geladen sind, kann es sein, dass die Dateien nicht so erscheinen, wie Sie sie formatiert hatten. Verwenden Sie deshalb möglichst gängige Schriftarten. Große Dateianhänge sollten Sie mit einem entsprechenden Programm komprimieren. Winzip ist das meistgenutzte, aber auch andere leisten gute Arbeit. Stellen Sie aber vorher sicher, dass der Empfänger diese Archive auch öffnen kann.

E

Empfangsbestätigung

Manche E-Mail Programme bieten die Möglichkeit, eine Empfangsbestätigung zu veranlassen (return receipt). Nutzen Sie diese Möglichkeit, dann erhalten Sie automatisch eine Bestätigung, wenn Ihre Mail beim Empfänger angekommen ist und ersparen sich das Hinterhertelefonieren.

Eröffnungssatz

Wecken Sie mit dem Eröffnungssatz Interesse und sprechen Sie Ihren Empfänger an. Erläutern Sie dem Empfänger kurz und knapp den Nutzen, den er hat, wenn er die E-Mail liest. Denken Sie daran, Zeit ist Geld. Verschwenden Sie nie die Zeit des Lesers.

F

Freundlichkeit

Dass man in der Geschäftskorrespondenz freundlich sein und kundenorientiert handeln sollte, ist für die meisten Korrespondenten selbstverständlich. Das gilt auch für E-Mails. So viel Zeit muss sein. Dankeschön.

G

Gliedern

Gliedern macht auch in E-Mails Sinn. Weil die unterschiedlichen E-Mail Programme die Zeichen unterschiedlich darstellen, sollten Sie mit Leerzeilen gliedern.

H

Hoaxes

Hoaxes sind drastisch formulierte Warnungen vor Viren, die es gar nicht gibt. Der Empfänger einer solchen Virenwarnung soll möglichst alle seine Bekannten vor dem

Virus warnen. Effekt: ein erheblicher Datenverkehr im www, viel verlorene Arbeitszeit und das alles wegen nichts. Am besten, Sie ignorieren solche Warnmeldungen. Wenn wirklich Gefahr im Verzuge ist, meldet sich bestimmt Ihr PC support.

I

Inhalt
Das wesentliche an einer E-Mail sollte ihr Inhalt sein. E-Mails dienen der schnellen Kommunikation. Orientieren Sie Ihren Korrespondenzpartner deshalb kurz und knapp. Vermeiden Sie epische E-Mails. Kommen Sie gleich zur Sache. Der Leser dankt es Ihnen.

K

Kurze Sätze
In der Kürze liegt die Würze. Das gilt vor allem für den Satzbau. Ellenlange Sätze kann unser Gehirn nur mit Mühe verarbeiten. Das kostet Zeit. Sie wollen doch, dass Ihre Nachricht verstanden wird? Dann schreiben Sie bitte auch verständlich.

L

Layout
Sie können alles an einem Stück schreiben. Die Frage ist: Wer liest das? Wer versteht es? Wenn Sie wollen, dass Ihre Botschaften klar ankommen, sollten Sie das Layout klar strukturieren. Mit Überschriften, Absätzen und Zwischenüberschriften. Entscheidend ist, was ankommt. Das gilt für die Kommunikation und das gilt für E-Mails.

M

mehrere Empfänger
Es ist ein großer Vorteil von E-Mails, dass Sie mit wenig Aufwand eine Vielzahl von Empfän-gern erreichen können. Dabei gibt es mehrere Möglichkeiten, die Empfänger zu definieren:

- Als normaler Empfänger (to:/an:)
- als Kopieempfänger (cc:)
- „blinder" Kopieempfänger (bcc:).

Für Rundschreiben an Kunden oder mehrere externe Empfänger empfiehlt sich die bcc-Variante (blind carbon copy). Vorteil: Die Liste der Empfänger wird nicht bei den Empfängern angezeigt. Wer möchte schon, dass die eigene E-Mail-Adresse von allen

Kleines ABC für E-Mail-Nutzer 177

möglichen anderen Menschen gelesen wird (Spamgefahr). Wenn Sie bcc nutzen, müssen Sie zumindest eine to/an - Adresse angeben. Setzen Sie hier einfach Ihre eigene ein.

N

Name
Namen sind wichtig. Und jeder möchte mit dem korrekt geschriebenen Namen angeschrieben werden. Prüfen Sie deshalb immer, ob der Name des Ansprechpartners korrekt geschrieben ist. Ein falsch geschriebener Name bringt mehr „Minuspunkte" ein, als man annimmt.

Newsgroups
Newsgroups bieten interessante Informationen. Schnell hat man sich angemeldet und erhält dann regelmäßig per E-Mail Informationen. Seien Sie auch beim Abmelden konsequent, wenn Sie etwas nicht wirklich interessiert.

O

Ordner
Mit Ordnern schaffen Sie Ordnung in Ihre E-Mail Ablage. Die meisten E-Mail Programme bieten die Möglichkeit, zusätzlich zu den Standardordnern (Posteingang, Postausgang, Vorlagen...) weitere Ordner anzulegen. Für Projekte, für Kunden, für Lieferanten... nutzen Sie diese Möglichkeit und bringen Sie mehr Übersicht in Ihre Ablage.

Organisation
Organisieren Sie die E-Mail Kommunikation richtig, damit sie zur Entlastung wird und Sie nicht belastet. Dazu drei Tipps:

- Bearbeiten Sie E-Mails nach ihrer Wichtigkeit. Leiten Sie die E-Mails sofort weiter, die von anderen bearbeitet werden sollten.

- Verschieben Sie bearbeitete E-Mails in ein passendes Verzeichnis oder löschen Sie sie, so halten Sie Ordnung in Ihrem Posteingang.

- Sorgen Sie dafür, dass Ihre Freunde und Kollegen Ihnen keine Witze, Virenwarnungen (Hoaxes) und Ähnliches zuschicken. Klare Absprachen sparen Zeit.

P

Prioriäten
Bei vielen Mailprogrammen kann man eine Priorität eingeben. Dringende E-Mails erscheinen dann mit einem roten Ausrufezeichen, weniger dringende mit einem Pfeil nach unten. Wenn Sender und Empfänger sich konsequent daran halten, kann die

Vergabe der Prioritäten eine Hilfe sein. Allerdings gibt es viele Sender, die grundsätzlich nur „dringende" E-Mails verschicken.

Sinnvoll ist jedoch, bei jeder E-Mail anzugeben, bis wann man die Antwort benötigt. Denken Sie daran, dass auch andere Menschen viel Arbeit haben.

Q

Qualität
E-Mails sind sehr schnell und ein unbürokratisches Kommunikationsmittel. Die Qualität der Information sollte darunter nicht leiden. Drücken Sie sich klar und verständlich aus. Mailen Sie nur Informationen, die für den Empfänger auch lesenswert sind.

R

Reaktionszeit
Antworten Sie auf wichtige E-Mails schnell. 24 Stunden sind der Standard.

S

Serienbriefe
Serienbriefe haben in der Geschäfts-E-Mail nichts zu suchen. Machen Sie es sich deshalb zum Prinzip, Serienbriefe grundsätzlich nicht weiter zu leiten. Vergessen Sie die ganzen Versprechungen und Flüche, die mit den Serienbriefen verbunden sind. Einfach löschen und vergessen.

Sicherheit
Über E-Mails werden häufig Viren eingeschleppt. Seien Sie vorsichtig beim Öffnen von Anhängen zweifelhafter Herkunft. Löschen Sie Mails unbekannter Herkunft im Zweifelsfall. Weil E-Mails eine Sicherheitslücke für den eigenen Computer sind, sollten Sie in den Systemeinstellungen und im E-Mail-Programm die Sicherheitseinstellungen auf maximale Stufe setzen. So sollten Java, Javascript, Active-X und Makros für E-Mail-Programme deaktiviert werden und es sollte dem Programm nicht erlaubt werden, angehängte Programmdateien automatisch ohne Bestätigung durch den Computer-Nutzer auszuführen.

Sie-Stil
Kundenorientiertes Denken und Handeln stellt den Empfänger in den Mittelpunkt. Verfassen Sie Ihre E-Mails im Sie-Stil. Genau so, wie Ihre Geschäftsbriefe.

Kleines ABC für E-Mail-Nutzer 179

Spam mails
Spam-E-Mails, das sind Werbe-E-mails, die Sie unaufgefordert erreichen, sollten Sie sofort löschen, ohne sie vorher zu lesen. Prüfen Sie, ob Sie solche Mails nicht über einen Filter verhindern können.

Spam-E-Mails sollten Sie auch nicht versenden. Wenn Sie z.B. einen Newsletter herausgeben wollen, fragen Sie vorher bei den potenziellen Empfängern nach, ob die Zusendung erwünscht ist.

T

Trojanische Pferde
Das sind E-Mails, die sich selbst unter falschem Namen verschicken. Wenn der Empfänger die E-Mail eines vermeintlich bekannten Absenders öffnet, installiert sich der Virus, den das trojanische Pferd transportiert hat, auf Ihrer Festplatte.

U

Unbekannte Mails
Unbekannte Mails sind ein Risiko, denn sie können Viren enthalten. Im Zweifelsfall löschen. Das ist sicherer.

V

Verschlüsseln
Informationen in E-Mails sind genau so sicher, wie Informationen auf Postkarten. Die Gefahr, dass sie von Dritten gelesen werden, ist groß. Verschlüsselungsverfahren sollen diese Gefahr eindämmen. Problematisch bei verschlüsselten E-Mails ist, dass der Empfänger die verschlüsselte Nachricht entschlüsseln muss. Das kompliziert die Sache.

Viren
Viren können Ihre Daten vernichten. E-Mails können Viren enthalten. Prüfen Sie deshalb alle Dateien, die Sie bekommen und senden, immer auf Viren.

W

weiterleiten
Mails weiterzuleiten ist technisch sehr einfach. Es verlangt aber einiges an Fingerspitzengefühl. Wenn Ihnen jemand ein Mail schickt, dann ist der Inhalt zunächst für Sie gedacht. Das betrifft die Wortwahl, den Inhalt und den Stil. Wenn Sie dieses Mail

ungefiltert einfach 1 : 1 weiter leiten, dann kann das ein Vertrauensmissbrauch sein. Bedenken Sie beim Weiterleiten von Mails die Konsequenzen für den ursprünglichen Absender. Formulieren Sie im Zweifelsfall um. Leiten Sie auch keine ganzen Mails weiter, wenn Ihr Empfänger nur einen Teil der Informationen benötigt.

Z

Ziel
Jede sinnvolle Handlung sollte ein Ziel haben. Was ist das Ziel Ihrer E-Mail? Bitte überlegen Sie vor dem Schreiben, was Sie konkret mit der E-Mail erreichen wollen. Sie können es dem Mail Empfänger genau mitteilen. Finden Sie kein Ziel? Wozu dann die E-Mail?

Stichwortverzeichnis

Abbinder 173
Abkürzungen 45, 130, 173
Absage .... 145, 150 f., 167 f.
Adressen 173
Adverb 167, 171
Akkusativ .... 167 f.
Aktiv 33, 36, 167
Amtsschimmel 33
Analyse 51
Anerkennung 24
Anforderungen 104, 108
Anfrage .... 52, 54 ff., 58, 60, 67 ff.,
.... 100, 117, 143, 146, 150
Angebot .... 54, 56 f., 63, 65,
.... 70 ff., 79 ff., 143 f.
Anlage 58, 60
Ansprechpartner 130
Antwort .... 75, 145 ff., 173
-, auf Absage 62, 145
-, auf Anfrage 67, 146
-, auf Bestellung 70, 147
-, auf Bewerbung 148
Antwortschreiben .... 98 f.
Appell .... 14 f., 49, 116, 129
-, offener 117
-, versteckter 50, 117
Appell-Auge 16, 88
Appell-Auge-Leser 17
Apposition 167
A-Quadrant 17
A-Quadrant-Denker 18
Artikel 167, 171
Attribut 167
Auftrag 69, 100, 103
Auskunft 91, 93
Ausrufewörter 168
Ausrufezeichen .... 35 f., 43, 45, 125
Autosignatur 173

Ballast 29, 55, 59
Ballastsätze 56
Bandwurmsatz 45, 92
Bankauskunft 89, 152
BCC 174
Bedürfnis nach Selbstverwirklichung .. 24, 38
Bedürfnispyramide 24, 49

Bedürfnisse 24
Befehl 35
Befehlsform .... 167 f.
Behördendeutsch 45
Belehrung 23, 45, 60, 114, 134
Beleidigung 65
Bestellung .... 70 ff., 79 ff., 101 ff.,
.... 123, 147, 149
Betreff .... 137 ff., 174
Betreff-Zeile 21, 36, 81, 99, 139
Bewerbung .... 87, 137, 139 f.,
-, Absage 83, 150
-, Antwort 75
-, Zusage 165
Beziehung 95, 129
-, partnerschaftliche 24
Beziehungsaspekt 16, 116
Beziehungs-Auge 16, 88
Beziehungs-Auge-Leser 16
Beziehungsbotschaft 14, 49
Bezugnahme .... 84 f., 98
Bezugszeile 45
Bilder 13
Bindewörter 167, 169
Blähfloskeln 29, 46
Botschaften 14, 16, 49
B-Quadrant 17
B-Quadrant-Denker 18
Bürokratendeutsch 110

CC 174
Codieren 13, 20
C-Quadrant 18
C-Quadrant-Denker 19

Dateianhänge 175
Dativ .... 167 f.
Decodieren 13
Deklination, Adjektiv 167
Demonstrativpronomen 167
Denkgewohnheiten 50
Denkpräferenzen .... 17 ff., 50
Deutsches Institut für Normung e. V. 12
DIN 5008 .... 12, 174
DIN 5009 12
DIN 676 12

DIN	12
DIN-Normen	12
Doppelmöppe	31, 41, 46 f., 78, 120, 122, 171
D-Quadrant	18
D-Quadrant-Denker	19
Drei-Fragen-Methode	58
Dringlichkeit	174
Drohungen	114
Durchsicht	94, 111 ff.
Effektivität	63
Effizienz	63
Eigeninteresse	89 f., 92 f.
Eigenschaftswort	168
Einzahl	171
E-Mail	12, 21, 49
E-Mail-Nutzer	21
Empfänger	12 f., 15, 20 ff., 50
Empfangsbestätigung	175
Empfehlung	72, 81
Ende	35
Entlastung	87 f.
Erinnerung	110, 158
Ermahnung	110
Eröffnungssatz	175
Fachausdrücke	46
Fall	168
Faxe	12, 21
Femininum	168
Fettdruck	139
Filter	15, 19, 50
Filterwirkung	18
Floskeln	35, 46, 86
Formulieren	49
Formvorgaben, für Geschäftsbriefe	12
Formvorschriften	12
Fragefürwörter	168
Fräulein	87 f.
Freundlichkeit	175
Füllfloskeln	30, 40
Füllwörter	29 f., 40, 86
Fürwörter	168, 170
Futur I	168
Futur II	168
Gedanken	49
Gefühle	13
Gegenwart	170
Gehorsam	35

Genitiv	168
Genus	168
Geschäftsbrief	22
-, Formvorgaben	12
Geschäftskorrespondenz	11
Geschlechtswort	168
Gestik	15
Gliederung	27 f., 175
Grundbedürfnisse	24, 38
Hauptwörter	169
Hausratversicherung	97, 154
Herrmann Dominanz Instruments (H.D.I.)	17
Heuchelei	107
Hoaxes	175
Ich-Bedürfnis	24, 38
Imperativ	168
Imperfekt	170
Import-Angebot	100, 155
Indikativ	168
Infinitiv	168
Informationen	20
Inhalt	176
Interjektionen	168, 171
Interrogativpronomen	168
Ironie	46
Kasus	168
Klarheit	47
Komma	171
Kommunikation	13, 15, 20
-, Grundlagen	12 f.
-, moderne	12
Komparationen	169
Komparativ	169
Konjunktionen	169, 171
Konjunktiv	168 f.
Körpersprache	15
Korrespondent	22
Korrespondenz	11, 15, 19, 22, 24, 29, 33 f.
-, gute	21
-, moderne	29
-, professionelle	51
-, zeitgemäße	12
Korrespondenzpartner	21, 35 f., 49
Kunden	24 f., 49
Kundenbeziehungen	35
Kundenorientierung	21, 25
Kündigung	104 f., 107, 156

Stichwortverzeichnis

Kürze ... 27 f., 47

Layout ... 176
Leidensform ... 33, 36, 47, 169 f.
Lieferbedingungen ... 58

Mahnung ... 95, 109 ff., 158
-, erste ... 94
-, letzte ... 109, 157
Mails, unbekannte ... 179
Maskulinum ... 169
Mehrzahl ... 170
Mimik ... 15
Mitteilungsstil ... 51
Mittelwort ... 169
Modewörter ... 46
Möglichkeitsformen ... 169
Musterbrief ... 51, 91

Nachricht ... 13 ff., 50
Name ... 177
Neutrum ... 169
Newsgroup ... 177
Nomen ... 31, 36, 47, 169, 171
Nominativ ... 168 f.
Numerale ... 169, 171

Oberflächlichkeit ... 47
Objektbewachung ... 115, 159
Ordner ... 177
Organisation ... 177

Partizip Perfekt ... 169
Partizip Präsens ... 169
Partizip ... 169
Partner Kunde ... 23
Passiv ... 33, 36, 47, 169 f.
Passivsätze ... 33
Perfekt ... 170
Personalleasing ... 119, 160
Personalpronomen ... 170
Phrasen ... 59
Plural ... 170 f.
Plusquamperfekt ... 170
Positiv ... 169
Possessivpronomen ... 170
Prämienzusendung ... 123, 161
Präpositionen ... 170 f.
Präsens ... 170
Präteritum ... 170
Prioritäten ... 177

Probezeit ... 104
Pronomen ... 170 f.
Punkt ... 171

Quadranten ... 19
Qualität ... 178

Reaktionszeit ... 178
Rechnung ... 111 ff., 153, 158
Rechtfertigung ... 134
Rechtschreibfehler ... 47
Reflexivpronomen ... 170
Reklamation ... 126, 162
Relativpronomen ... 170
Rückantwort ... 97 f., 115
Rückäußerung ... 83 f., 86
Rückfragen ... 94, 96

Sachaspekt ... 16
Sach-Auge ... 16
Sach-Auge-Leser ... 16
Sachaussage ... 116
Sachinhalt ... 14, 49, 129
Sanktion ... 134
Schachtelsätze ... 47
Scheinhöflichkeiten ... 29 f., 30, 40, 47
Schluss ... 35 f.
Schlussformel ... 130
Selbstkunde-Auge ... 88
Selbstkundgabe ... 15, 49, 94, 117, 129
Selbstkundgabe-Auge ... 16 f.
Semikolon ... 171
Sender ... 13, 15, 20
Serienbriefe ... 178
Sicherheit ... 178
Sicherheitsbedürfnisse ... 24, 38
Sie-Form ... 34
Sie-Stil ... 69, 178
Singular ... 170
Sonderangebot ... 128 f., 163
Soziale Bedürfnisse ... 24, 38
Spam-Mails ... 179
Sehgewohnheiten, spezifische ... 16
Stammformen ... 171
Steigerungsstufen ... 169
Strichpunkt ... 171
Substantive ... 169
Superlativ ... 169

Tautologien ... 46 f., 171
Telefonhörer ... 49

Tempusformen 171	Verstreichung .... 111 f.
Tipps 21	Vier Botschaften 50
Ton 23	Viren 179
Trojanische Pferde 179	
Tun-Wörter 171	**W**eiterleiten 179
	Werbung 132, 164
Unterwürfigkeit 23, 47	Wertschätzung 11
Unverständlichmacher 27	Wiederholungen 47
-, Kompliziertheit 28	Wir-Form 34
-, Unübersichtlichkeit 28	Wirklichkeitsform 168
-, Weitschweifigkeit 28	Wir-Stil 36, 42, 47, 101, 125
	Wortarten 171
Verabschiedung 36	Wortwahl 15
Verben 31, 36, 168, 171	Wünsche 13
-, unregelmäßige 171	
Verehrte 133, 135	**Z**ahlungsbedingungen 79
Vergangenheitsform 170	Zahlungserinnerung 110
Verhältniswörter 170	Zahlungsziel 59
Verschlüsseln 179	Zeichen 171
Verständlichmacher 36	Zeigefinger 47
-, Einfachheit .... 27 f.	Zeiten 171
-, Gliederung .... 27 f.	Zeitwort 171
-, Kürze .... 27 f.	Ziel .... 49 f.
Verständnis 26	Zusage 137